## Al lector:

Hola, mi desconocido amigo lector.

No sé quién es, pero gracias por estar aquí, gracias por leer estas líneas y gracias por el tiempo que les dedique.

Hay en la existencia sucesos extraordinarios, situaciones atípicas que rayan con lo imposible e improbable, lo siguiente que va a leer, es un extraordinario acontecimiento, una verdad, una especulación, una mentira, una ficción, usted puede definirla como desee, pero, lo más curioso de estas líneas, consiste en que dentro de usted en lo profundo del espíritu, todo lo aquí expuesto, es algo que usted ya sabía, que ha vivido, que ha percibido y que ha pensado, de alguna manera, este libro solo es un conector entre usted y una realidad.

Abusando de su tiempo y conocimiento, la narrativa de este libro en primera persona será sin decoraciones literarias, no es una novela, no es un libro cultural, es una historia; ficción o realidad, eso lo definirá usted. De alguna manera, algo lo ha unido a este tema, y le contaré como lo que es para mí, un gran amigo, una gran amiga, desconocido y desconocida. Bienvenidos...

**Omar Hejeile Ch.**

## AUTOR
## Omar Hejeile Ch.

Editorial Wicca, rescata el poder inconmensurable del ser humano y la naturaleza; un poder que todos poseen, sienten, perciben, pero pocos conocen, a través de los textos, programas de radio, se invita sin imponer una verdad o un concepto, para que cada uno que siente el llamado desde su interior, quien descubre la magia de los sueños, y desea obtener el conocimiento, por ende, la transformación de su vida alcance el centro de la
**felicidad.**
**La vieja religión ha renacido...**
**y está en sus manos**

# WICCA
## ESCUELA DE MAGIA

La vieja religión basada en el conocimiento mágico, de viejas culturas perdidas en el tiempo, escapadas del mundo de los hiperbóreos renacen como el fénix la armonía del hombre con la naturaleza.

Wicca, vocablo que procede de Wise, Wizard, significa *"El oficio de los sabios" "Los artesanos de la sabiduría"* Durante milenios de persecución, los documentos antiguos de la vieja religión permanecieron ocultos esperando el momento propicio del renacer, ahora, Wicca, recupera algunos de los viejos conocimientos del influjo lunar, el sol, los grandes Sabbats, el poder secreto de los encantamientos y embrujos, el arte de los sortilegios, el infinito mundo mágico de las plantas, el secreto de las estrellas.

**Mas información en :**
**www.ofiuco.com**
**www.radiokronos.com**
**www.wiccausa.com**

© 2020

Autor: **Omar Hejeile Ch.**

Derechos Reservados

Título: Contacto Extraterrestre

ISBN: *978-958-8391-54-0*

Sello Editorial: *WICCA E.U. (978-958-8391)*

ENCICLOPEDIA: *"Universo de la Magia"*

Diseño y Diagramación: Mario Sánchez C.

UN VIAJE CON LO DESCONOCIDO

# CONTACTO
## EXTRATERRESTRE

MIS AMIGOS DE ALLÁ ARRIBA

# ECONOMÍA Y EXOPOLÍTICA

## Comencemos

A unos años luz de la tierra más o menos, se encuentra un pequeño planeta... Algo similar con el tamaño de la tierra, con procesos sociales similares, topografía idéntica, pero con enormes diferencias en las políticas que contiene.

Hablar de sociedades, planetas, universos, es un tema que inevitablemente en la prematura concepción científica sobre el cosmos, entra en el campo de lo especulativo, fantástico, inverosímil y la inevitable ficción.

Así, que, para no entrar en discusiones astronómicas, vida extraterrestre y demás, vamos a *"suponer"* que este tema es Ficción. O una realidad... Usted definirá...

Mucho se habla de encuentros extraterrestres, contactados, iluminados, que casi siempre terminan en conceptos mesiánicos, mensajes de hermandad, paz, etc.

Durante muchos años me he dedicado a realizar programas radiales de diversos temas, entre otros, ovnis y extraterrestres, noches enteras de transmisión en la agradable compañía de los oyentes.

Lejos, muy lejos estaba al menos de suponer que las ondas de radio fueran captadas por extraños habitantes...

De alguna manera, lógica por demás y quizá, viéndolo hoy, la película "Contacto" basada en el libro de un gran maestro, Carl Sagan, quien sin duda debió vivir una experiencia similar.

Y... Sí, así fue, para su posición, jerarquía, momento de la humanidad, como podría contarlo sin atraerse sobre sí la condena de mentira, embuste, charlatanería, descrédito, burlas, a pesar de todo, muchos "científicos" aun la misma iglesia condenó sus postulados. Sin embargo, abrió una compuerta, un puente entre lo increíble y lo fantástico de otros mundos, hoy todos reales.

*"No quiero creer, quiero saber"*. *C.S.*
Gracias Carl... Donde quiera que esté.

# EL INICIO

Una noche invernal hacia las dos de la madrugada me despertó un extraño resplandor, algo parecido y del mismo color de las luces estacionarias de un carro, ese amarillo que resplandece.

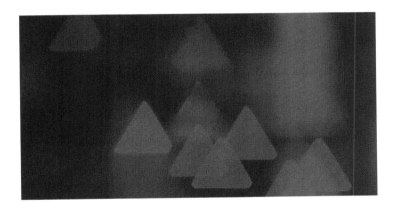

Dos pequeños triángulos flotaban frente a mi cama, titilando rítmicamente, fui totalmente consciente del evento, luego de unos segundos... La oscuridad.

Me quedé despierto, sorprendido por la extraña presencia, mil explicaciones supuestas, pero nada en concreto, asocié que podrían ser *"candelillas"*, así se les conoce popularmente a las almas en pena o personas que están recogiendo los pasos antes de la muerte. (*Véase el libro* **Charlas con la muerte**).

En vano, trate de conciliar el sueño, en aquella época realizaba un programa matutino a las cinco de la mañana "*Mundo buenos días*" a través de radio Única emisora de la cadena Todelar, así que la opción era madrugar.

La sensación persistió, una y otra vez veía en mi mente las luces titilantes, pensé que tal vez se trataría de persistencia retiniana, sin embargo, el asunto se comenzó a complicar, paralelo con las luces se produjo un tinnitus, un zumbido rítmico, al principio incomodo, luego secuencial, veía las luces en mi mente, escuchaba y sentía el ritmo del zumbido.

Lentamente, al final de unos días todo se desvaneció y el tiempo, el mundo, todo, siguió su cauce normal.

Pero... No siempre es lo que uno quisiera, quizá dos meses después, cerca de la misma hora, me despertó un extraño ruido, similar al ruido de un transformador o el motor de ventilador, estaba justo encima de mi cama. El sonido variaba con diferentes frecuencias, altas, estáticas, bajas, luego quedé petrificado, no podía moverme, sabía que algo estaba pasando y no era parálisis del sueño, era real, sentí como algo descendía sobre mi cuerpo, como el sonido se acercaba... Una extraña energía pasó a través de mí, algo muy parecido cuando en un día cálido se lanza a una piscina, ese breve momento cuando se ingresa en el agua fresca esa sensación momentánea, algo muy similar ocurrió.

La petrificación se desvaneció al mismo tiempo que el sonido se perdía al descender.

Recordé algunos comentarios que digo en la radio, *"un evento aislado no significa nada, pero cuando hay un conjunto aparece un patrón"*

Realice algunos programas con líneas abiertas donde la gente participaba, el programa *"Línea Directa con lo Desconocido"* se transmitía de doce de la noche a las cinco de la mañana por la Cadena Básica de Todelar, emisora colombiana, quizá usted lo recuerde.

Las llamadas sobre el tema no se hicieron esperar, aunque no comenté mi personal experiencia, algunos oyentes sin tener información, narraban eventos similares, no era el único que lo estaba experimentado. A tal punto que algunas personas al aire narraban experiencias extracorpóreas con unos encuentros que rayan con la ficción, la ventaja del programa era dar toda la credibilidad al oyente que se comunicaba en la madrugada. *"De corazón gracias todos los que participaban"* de alguna manera, forman parte importante de esta historia.

De hecho, casi todo el mundo ha vivido en algún momento sensaciones similares, pero por ese temor incierto de *"quién lo va a creer"* se prefiere callar, quizá usted que está leyendo estas líneas, ha visto, sentido, soñado, percibido, algo que no puede contar. O de alguna manera sabe o conoce cosas que no sabe, cómo las sabe.

... Pasaron los meses, algunos eventos aislados siguieron ocurriendo, como quedarse el carro sin batería mientras conducía, o que el televisor perdiera la señal o que el computador simplemente dejara de funcionar durante horas y luego volviera a la normalidad. Gotas de agua que se detenían, llaves que aparecían quebradas, presentimientos que luego se convertían en realidad, personas que acercaban con mensajes extraños, un sinnúmero de sucesos.

Amante de lo paranormal, trataba de encontrar explicaciones, ¿estaré proyectando inconscientemente todo esto? ¿Me estará afectando los programas sobre estos temas?

Un cambio de actitud comenzó a aparecer, de alguna manera estaba más sensible a diferentes eventos, el aislamiento, noches sin dormir, buscando respuestas que no tardaron en llegar.

# PRIMER ENCUENTRO

Cerca de navidad, una tarde del domingo sentí un impulso, algo que no puedo definir me hizo salir, me dirige como autómata a un pequeño paseo, solo por conducir... Existe en Bogotá Colombia un mirador desde donde se aprecia la belleza de la ciudad.

La Calera, agradable y hermoso mirador, a la vera de la carretera se encuentran algunas tiendas donde venden bebidas calientes, y, conocía un lugar agradable con una vista espectacular.

Extrañamente, no había muchas personas, excepto alguien que me observaba con alguna intensidad, el temor y la imaginación hacen que los pensamientos divaguen evaluando situaciones.

La adrenalina comenzó a actuar, encendí un cigarrillo y el extraño se acercó, *¿Me regala fuego?* Dijo, le acerque el encendedor, encendió su cigarrillo y me miró diciendo, *usted es Omar del programa cierto.*

Dije dentro de mí, "no otra vez" cometí un agradable error de hacer algunos programas de televisión, y esto genera algunas situaciones, cuando se es reconocido, la vida privada se pierde, donde uno vaya, están las preguntas, "me puede interpretar un sueño, me pasó esto, sabe cómo puedo mejorar", bueno, por no ser descortés *porque uno se debe a su público, en varias ocasiones,* ahí quedaba el almuerzo o la cita, varias veces, termine haciendo conferencias espontaneas sobre brujería y sueños en restaurantes.

... Sí, le conteste; mucho gusto, quiere café...

Me miró de una forma que infundía una profunda serenidad y paz, gracias dijo y con la mano hizo un ademán que esperara, lo siguiente que ocurrió... Es simplemente descabellado.

Entrelazo las manos, mientras dijo:

*... Hace tiempo lo escuchamos, este no es un encuentro casual, ¿las luces y los sonidos los recuerda?*

Pensé... Esto se va a complicar... ¿Cómo sabe eso?

*... Hace tiempo, que captamos su emisora y sus señales de radio, al sintonizar no solo lo hacemos con la señal como tal sino con quien emite.*

*Emitimos frecuencias que se sintonizan con el pensamiento, no solo de una persona, sino de todos, al hacerlo aparecen en el cerebro las luces, sonidos, eventos aparentemente extraños, sensaciones, sueños, predicciones, avisos, cada uno de acuerdo con la forma como capte la señal la mente la codifica, el caso común de ver una serie de números iguales de manera constante, números que abren códigos mentales.*

Hice un gesto de incredulidad, y dije, esperé, captamos, escuchamos, sintonizamos, ¿quiénes? Separó las manos, y con un gesto de aceptación las movió.

*¿Usted ha realizado algunas exposiciones sobre vida extraterrestre considera que existe?*

La verdad, si, respondí, considero que la vida es perpetua en todo el cosmos quizá en diferentes formas o fenotipos, pero existe.

*Así es, la vida no es exclusiva de la tierra, millones de planetas albergan vida similar y diferente.*

En ese momento de una bolsa que parecía tejida en lana, saco una especie de objeto, voy a tratar de exponer y usted con su imaginación podrá recrearlo.

Haga de cuenta una pequeña varilla de vidrio o algo así, de unos veinte centímetros de largo, por unos tres de espesor.

En un extremo, se podía abrir como si fuera un arpón, quedando una especie de estrella de cuatro puntas.

Me indicó que colocara las puntas en las palmas de mis manos, y la varilla apuntando a mi pecho.

Sentí miedo, prevención, dudas, pero el tono con el que me explicaba y hablaba de alguna manera me dio confianza.

El color anaranjado similar a las luces que vi comenzó a fluir en la varilla, como si saliera de mí, el zumbido del transformador comenzó a sonar, pero esta vez cubría todo mi ser o aura.

Como una campana, vi en el aire, (eso pensaba) una serie de imágenes, como si fuera una película, animales extraños, ciudades de arquitectura extraordinaria, seres parecidos a los humanos y no humanos, seres bidimensionales... y... todo se desapareció.

*¿Es suficiente: dijo?*

Encendí otro cigarrillo, tomó el objeto lo cerró y lo guardo, pero... La bolsa no era de lana, una especie de metal muy delgado es como si el objeto se hubiese fundido con la bolsa.

Me quede en silencio, uno supone que los encuentros deben poseer una parafernalia estilo Hollywood, siempre de alguna manera se anhela esta experiencia, suspire, y vino la pregunta... ¿De dónde eres?...

... Los meses fueron pasando, al igual que muchas otras cosas, eventos extraños, los encuentros se hicieron más frecuentes, charlas de horas de culturas, historias, preguntas, narraciones de dos mundos.

Anatomía, fisiología, cultura, política, culinaria, conceptos cósmicos, todo se exponía.

En algún momento, un acontecimiento en la ciudad de New York interrumpió las entrevistas por mucho tiempo. Pasaron meses, los eventos se detuvieron, los pensamientos aumentaron, los fenómenos de sensibilidad se estabilizaron permitiendo tener algún tipo de telepatía.

Por aquella época me dedicaba a volar aviones ultralivianos una loca pasión, debía viajar casi tres horas hasta el aeropuerto, algo que hacia los fines de semana.

En uno de esos... Nuevamente el sonido del trasformador, un indicador ya conocido de los encuentros el cual efectivamente se produjo, casi cerca de la medianoche en una carretera desolada ocurrió este encuentro...

No narraré los pormenores de este, igual es difícil aun para mi de aceptar. Si bien la curiosidad y algo de un sano morbo induce a indagar, el comentario que siempre queda latente, ¿usted lo aceptaría? Por la experiencia radial escuche a miles de personas contar extraordinarios sucesos, siempre existió quien condenara, ¿cómo se puede probar un sueño?

Prefiero que al final del libro usted concluya...

La pregunta fue: *¿Quieres hacer un viaje? Retornaras a este momento, sin importar cuánto tiempo transcurra, que veas, que vivas, que descubras.*

Directo, sin prevención, una invitación una aventura, asocie el vuelo suave y agradable de un ultraliviano, con una experiencia de libertad y acepte.

... Al fondo cerca de la montaña se percibía una sombra, una especie habitáculo que bien se podría pensar en un ascensor, parecía de cristal o algo así, relativamente pequeño, al ingresar se está de pie, no hay nada, ni botones, ni sillas, nada, solo una caja de un cristal oscuro, al cerrar la puerta, "es un decir", la puerta no se cierra, se llena mejor, es como si de cada esquina saliera más cristal que la construyera.

No existió la espectacularidad dramática, muy al contrario, algo muy discreto, silencioso, simple y oculto por la noche...

En ese instante, colocó su mano sobre una de las paredes que refulgió al contacto, no vi, pero si sentí que algo afuera o entre las paredes comenzó a girar, se sentía la energía, sentí que mi piel o mi cuerpo se volvía al revés, es algo muy raro, no sé cómo explicar la sensación, quizá lo más parecido o cercano es cuando se viaja en un avión de espaldas, sentía mi esqueleto, totalmente consciente de eso.

No sé cuánto tiempo transcurrió, sin palabras, solo contemplaba una caja de cristal oscuro y una sensación extraña.

Todo se detuvo y el proceso se hizo inverso, la puerta se desvaneció, no sé qué tipo de nave u objeto era, solo veía un salón circular con puertas que se fundían y se desvanecían, algunas personas similares a nosotros entraban y salían, era algo muy terrenal y humano.

A través de las ventanas o claraboyas, el negro espacio. Ni estrellas, ni luceros, ni fantásticos colores, nada, solo oscuridad.

¡Claro que sí! Como no hacerlo, claro que pregunte que era... *Es un vehículo de desplazamiento espacial.*

(Para hacer más entendible el tema, no voy a transcribir gramaticalmente, los diferentes diálogos entre; pregunté, él me respondió, le dije, me dijo, pero resumiré. Así que por ahora no hay dialogo, cuando hablen, aparecerá en cursiva, así usted identifica los diferentes encuentros)

Básicamente es una nave lenticular, la explicación es lógica y sencilla, en la tierra volamos en aviones, ¿la razón? Imitamos lo que vemos, las aves. (Hoy para mi es una gran tontería, como humanos poseemos una pobre visión)

En la tierra se imitan las aves, en el espacio, "ellos", imitan los planetas, una esfera interior rodeada de un anillo magnético, un motor de iones y electrones en un perfecto equilibrio constante producen magnetismo, energía eterna, el diseño es complejo, dentro de una esfera no más grande que un balón de futbol americano (de hecho, muy parecido en forma) un elemento químico extraordinario produce una ionización perpetua, generado un campo de poderosa e ilimitada energía.

El aro o anillo, que cubre la esfera o habitáculo posee una secuencia de varias esferas similares, pero no tan potentes, estas captan el magnetismo cósmico y el de los planetas, así que, invirtiendo la polaridad, se deja atraer o empujar, por un planeta o galaxia no importa, en su diferencia todo el espacio es el motor.

Todo el sistema se encuentra redundante tanto en los polos de la esfera que forma la cabina o habitáculo, lo cual permite control de la nave y un desplazamiento de cualquier grado de una esfera, no de una circunferencia, de una esfera, imagine rayos que salen del centro de una esfera hacia todos lados, bueno por cualquier radial es posible, se puede viajar.

En el espacio no hay dirección, arriba o abajo, atrás o adelante, esa percepción espacial y terrestre no existe, igual que la velocidad y leyes físicas terrestres, una cosa es la velocidad de la luz y otra la vibración que curva el espacio, y otra más intensa la teletransportación.

El centro del habitáculo posee una serie de cabinas, sistemas holográficos del universo, controles altamente avanzados que no sé realmente su uso, pero según los comentarios, identifican puertas dimensionales, pulsares, campos de energía, asteroides, irradiación, naves, una especie de radar cósmico, viajar a velocidades cercanas a la luz, requiere de un infinito de sistemas que capten sucesos futuros, así de simple.

Si se viaja a velocidades cercanas a la luz, cómo evitar un disparo cósmico de una estrella que forma una onda en el espacio, colapsándolo.

Nada de lo que allí ingrese, existiría, se desvanecería instantáneamente en energía. El cosmos es más complejo que lo que se conoce terrenalmente.

De hecho, existe una serie de masas activas con inteligencia, no son agujeros negros esos no existen, son masas con un poder de atracción que pueden absorber todo cuanto existe, pero las mismas mantienen una polaridad o equilibrio, así, lo que se encuentre relativamente en la mitad no es atraído a ninguna, otra cosa es que se viaje directamente a ellas.

Dentro existen otros universos, infinito de multiversos.

Todo el cosmos que conocemos está dentro de una masa cósmica.

Dentro de la nave, existe algo parecido que deberían recrear en la tierra, algún día lo harán, todos los desechos, especies de experimentos, seres, residuos, entran en una cámara donde son desintegrados instantáneamente disueltos en los elementos químicos que los constituyen, eficiencia y eficacia en el reciclaje.

... Sí, si hay baño o algo parecido, no es como el normal que se conoce, no es un sitio donde se va, es algo que se pone, una especie de traje que se debe usar, usted solo hace sus necesidades y el traje absorbe todo, al ser material biológico y líquidos o agua en este caso, estos desechos viajan por nano tubos, donde el agua se evapora reduciendo lo material a una especie de polvillo.

Pero esto es solo para otras especies; quienes viajan en el espacio de manera frecuente no producen desechos el tipo de alimentación es totalmente diferente, con esto le digo, hay una cabina donde la energía que requiere un cuerpo para existir no es consumida, igual que los desechos son absorbidos, una especie de ósmosis se realiza para alimentación.

En la medida exacta y con los elementos o nutrientes exactos, nada de comida chatarra ni animal.

Digamos que hay una especie de avance en la tierra del tema, hoy los suplementos vienen en pastillas, en el futuro a través de aparatos o pulseras que hacen todo, teléfono, video, médico, etc., por ósmosis le entregaran a su cuerpo, medicamentos, vitaminas, etc. Si a alguien le interesa puede fabricar parches de vitaminas y nutrientes.

Aun los astronautas ya implementan otro tipo de alimentación, no solo oral, sino osmótica. Si necesita penicilina le colocan un parche para los próximos meses que la pulsera le dosifica exactamente.

Sumado con lo anterior, los cuerpos producen energía, algo que pocos imaginan, la energía de un cuerpo puede perfectamente abastecer de luz un pequeño pueblo, bioenergía concentrada.

Así que nada necesita de baterías o pilas, ya le contaré como funciona.

No existen controles de la nave nadie la tripula eso es obsoleto, la nave se controla sola está conectada psíquicamente con el grupo que viaja, no hay comandante o capitán, esa jerarquía no existe, y sí, sufre daños, bueno igual que todo, se accidentan, solo que antes de algún impacto se desintegra en energía. El concepto de la muerte lo veremos más adelante.

Solo trato de narrar algunos apartes o terminaría escribiendo una enciclopedia. Pero si desea saber y conocer algo, en algunos programas hay temas implícitos. Los consigue en nuestro **canal de YouTube: Wicca Escuela de la Magia** (*youtube.com/user/EscuelaDeLaMAGIA*)

Si, también indague de que está hecha, oxigeno comprimido a millones de PSI, en otras palabras, un supermetal, liviano, fuerte, resistente, limpio ecológicamente, maleable. ¿Descabellado? Piense sin oxígeno no existiría ningún elemento químico y por ende ningún metal.

Fuera del magnetismo, el oxígeno es el mejor y eterno combustible, existe igual que el hidrógeno en todo el confín del universo.

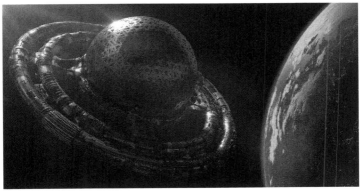

Tampoco fue mucho el tiempo que transcurrió dentro de la nave, un lugar de alta tecnología.

Algo más, las comunicaciones funcionan sobre las ondas Hertz cerebrales, cada persona, cada ser, cada especie, aun cada objeto, planeta, átomo; etc., tiene una frecuencia de onda única, exclusiva, más o menos en 20 años o antes, en la tierra se implementará un sistema de identidad por medio de estas características, primero para descubrir vibraciones de personas peligrosas después para conectar el cerebro con todo, autos, casas, electrodomésticos, etc.

Haga de cuenta un control remoto cerebral. Probé varios sistemas, un rayo parecido al láser me hizo un diagnóstico completo, que me faltaba y que me sobraba, sin embargo, no me aplicaron nada, no se conocen los efectos de esos químicos en la gravedad de la tierra.

El viaje fue relativamente corto, no lo consideré un viaje, sin puntos de referencia sin sensaciones, no existe la ingravidez, es estar en una habitación.

Acostumbrado a volar, con turbulencias y térmicas, todas las sensaciones que se perciben en un avión, en este caso, nada, ni empuje, ni vibraciones, nada. Se abrió una puerta, al frente de ella, un sendero algún tipo de rampa, una cúpula gigantesca cubría todo el lugar y si digo gigantesca es que envolvía toda la ciudad.

Al mirar hacia atrás, la nave no se ve, ella encaja dentro de una especie de tubo y solo queda la puerta, así que nunca tuve la oportunidad de ver su exterior.

La ciudad es algo futurista de una gran arquitectura, hay construcciones de diferentes formas, pirámides cuyos pisos se mueven o cambian de posición, gigantescos rascacielos no como los bloques de la tierra, digamos que son torres con aros separados, cada aro es un conjunto de viviendas, así que hay espacios entre un aro y otro, son muchos aros, la ventaja radica que flotan ingrávidos, no como construcciones en la tierra que son ancladas o soportadas, grandes rascacielos con bases profundas que alteran el peso de una ciudad, creando inestabilidad en la esfera terrestre.

Al aumentar el peso con gigantescas construcciones, la esfera terrestre varía la rotación, de manera similar cuando al golpear una bola de billar o un balón de futbol dependiendo del ángulo cambia la rotación o efecto. Así al construir mega obras en lugares que terminan con alta densidad de edificaciones, ese peso descompensa los otros extremos, aunque se considere que no afecta, afecta y mucho variando el eje terrestre, otra forma de alterar el clima.

Pero algo me llamo la atención, no existía un cúmulo de personas o densidad poblacional, dentro de esa bóveda gigante.

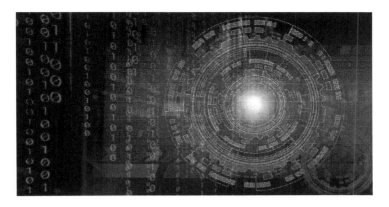

Me explicaron que ese lugar era un centro espacial, desde allí se coordinan todos los viajes, así como se controlan y codifican las especies que llegan.

Es un lugar, futurista, eficiente, ordenado, es como si usted fuera a un centro comercial o un hotel de gran lujo, de última tecnología, solo que esta tecnología es simplemente inverosímil.

Atravesamos varias rampas ingresando a una habitación, amablemente me invito a ingresar a un módulo o prisma, me entregaron una bebida como si fuera agua, sin sabor, sin olor, pero se sentía como si se disolviera al tomarse, no hubo esa sensación de pasarla, dentro del prisma se produjo una vibración, sentí en todos mis poros, haces de luz que podían doblarse, recorrieron todo mi cuerpo.

Posteriormente, supe, que ese sistema retira las células muertas del cuerpo y cualquier bacteria, virus, infección, que se tenga interna o externamente aun en las prendas. Todo lo retirado es automáticamente analizado.

Luego de algunas situaciones de diálogos, con algunas personas muy parecidas a los humanos, pensé que son humanos. Salí o entré a otro mundo.

Quisiera transcribir todos los pormenores, cada evento que mi memoria me permite recordar, pero... Si así lo hiciera no podría transcribir este inicio, lo que en mi pensar es lo verdaderamente valioso. Mas adelante y de manera lenta, iré complementado algunos comentarios.

Al salir de ese lugar ocupamos una esfera de cristal con una especie de silla que forma parte de la esfera, pero gira sobre ella, una especie de giróscopo recuerda la película de Jurassic World, algo parecido, pero sin puertas ni mandos, nada más, no movió nada, no hizo nada, igual que la primera nave la puerta se fundió por si sola.

Me dijo:

*El manejo de la energía en todas sus representaciones y posibilidades, el control de esta es el verdadero poder.*

*Todo está compuesto de energías en diferentes vibraciones, este objeto se mueve por la energía de mi mente, ni siquiera tengo que pensar solo deseo a donde quiero ir.*

*El receptor que es en sí toda la esfera capta mi señal, así como la señal de todos los demás, se desplaza coordinadamente con todos, es igual que las hormigas en la tierra, que se mueven siguiendo un rastro de feromonas que en sí son energía.*

*Tus escuchas mi voz, pero no en tus odios, si no en tu mente, pero supones que me oyes, tú hablas y te escucho físicamente, pero podríamos hablar telepáticamente.*

*Para eso debes aprender a sintonizar mi onda vibracional con la tuya.*

¿Así que puedes leer mi mente?

*No, solo puedo conectarme si lo permites, de lo contrario, todos captarían la mente de todos al tiempo, ningún cerebro lo resistiría, es como si en tu televisor en un solo canal aparecieran a todo volumen todos los canales del mundo al tiempo en un solo canal. ¿Cuál podrías escuchar?*

Entramos a un túnel o tobogán subterráneo, nuevamente nada se podía observar, ¿Cómo funciona esto le pregunte?

*Todo planeta es una esfera en su superficie, pero si miras con cuidado dentro de la esfera es un cubo, o puedes colocar un cubo, si vas sobre la superficie la distancia por la curvatura se alarga, si vas bajo la* superficie, las distancias se acortan, menor consumo de energía y mayor rapidez.

¿Se requiere de mucho poder abrir estos túneles o secuencias de túneles?

*El concepto terrestre es taladrar túneles, pero hay sistemas más limpios, seguros y rápidos, en la tierra hay ejemplos de las construcciones antiguas donde se moldeaba la piedra con líquidos, la roca por dura que fuera se volvía blanda y maleable.*

*Los túneles son diseñados y elaborados por robots, usan diferentes líquidos a presión que hacen que las rocas y la tierra entren en un estado de licuefacción, diferentes ondas de radio o frecuencias dan la forma.*

*Si esto mismo se hace bajo la superficie en un día, se pueden hacer mil kilómetros comparativos con la tierra. Es usar la misma naturaleza para modificar la naturaleza.*

*Se aprovecha mejor el espacio, se contamina menos, se destruye menos, no hay residuos, al solidificarse nuevamente queda un túnel natural. Pero esto es en* este planeta, en otros son diferentes los medios de transporte.

¿Y terremotos?

*Lo mismo, todo emite una señal, los túneles se construyen de tal manera que no se crucen con las fallas de movimiento, igual se mueven con el sismo, en la tierra, las grandes destrucciones no son por los sismos, sino por las malas construcciones, o emplazamientos construidos al borde de las fallas, hay que respetar la naturaleza.*

El viaje terminó, salimos del túnel volando o levitando, no sé definir, las calles o avenidas muy parecidas a las de la tierra, poseen campos magnéticos controlados, el sistema de todas las naves y objetos que se desplazan funciona de manera similar.

No vi autos, ni aviones, solo esferas de diferentes tamaños. Llegamos a una especie de villa cerca del mar, clima cálido, un sol binario acompañaba el atardecer.

Probablemente, no estoy seguro, cerca o en la **constelación del Cygnus.**

Saliendo de la playa descendimos dentro del mar, nada diferente con el de la tierra excepto que... Fantásticas ciudades sumergidas, interconectadas entre ellas, llegaban hasta la superficie.

*Son los centros de investigación y de desarrollo no solo de la vida autóctona, sino de otros planetas, incluyendo especímenes de la tierra.*

*Aquí se conservan los genes de millones de especies, es la forma como se implanta la vida en planetas aptos para recibirla.*

*Algo parecido a lo que se hizo en la tierra. Este es el lugar donde en las charlas que tuvimos ahora podrás ver y conocer como es mi mundo.*

Ingresamos a una de las grandes y colosales burbujas, al menos esa es la impresión que me dio, descomunal, es la palabra, allí la gente se desplaza sobre cintas flotantes, la energía corporal de cada uno es absorbida por bio sensores, de esta forma, es acumulada y utilizada proporcionando fuera del magnetismo, una fuerza ilimitada. Es tan complicado estar en un lugar y no saber por dónde comenzar, si ver o preguntar.

Entramos a un recinto, una especie de edificio sin puertas, e ingresamos a una estancia, allí vi mujeres, hombres y niños humanos, todos los que laboran en ese sector usan trajes especiales.

*Son trajes biotermicos y de protección en el caso de un evento inesperado, accidente, destrucción, maremoto,*

*los trajes son el soporte vital, producen alimento al igual que en la nave, medicamentos, oxigeno, etc.*

*Al estar bajo el mar, se extreman las precauciones. ¿Tendré un traje?*

*No en este viaje.*

Se puede pensar, y sin duda, que se debería describir cada aparte por separado, una narración total de cada estructura su forma, sus frecuencias, pero, ya sabrá la razón del porqué paso por alto estos comentarios.

De allí pasamos a una sala, sillas flotantes, una mesa holográfica pero física, contradictorio, no, así era, paredes que brillan dando luz, un recinto fantástico, fueron ingresando algunas personas hombres y mujeres, quienes me saludaron amablemente, no existió el protocolo, no hubo apretón de manos o abrazos, algo informal, pude apreciar que es un evento normal algo constante por lo que deduje que siempre hay "invitados"

¿Vienen seres o personas de otros lugares?

*Normalmente, sí, a pesar de que es un conocimiento ya impartido en muchas sociedades desde hace milenios, los pueblos las olvidan, las cambian, las tergiversan, entonces tratamos no de imponerlas sino de ayudar a recordarlas, utilizamos diferentes canales para despertar consciencias. Las personas aquí reunidas, son expertos que te mostraran otros conceptos, y tú sabrás el momento justo para compartirlos.*

*Toda sociedad debe regirse por reglas y leyes de desarrollo colectivo, nunca individual, todos los planetas deben avanzar en la conquista del cosmos, un lugar inconmensurable, que requiere de billones de billones de años y de seres para colonizarlo, el universo es como un gran o gigantesco cerebro, cada constelación de galaxias es el equivalente a una neurona.*

*Así que tienes una idea de la misión de cada planeta.*

Han pasado años desde aquel encuentro, llego el momento de retomar viejos apuntes y algunos recuerdos más claros en mi memoria y ya con una madurez diferente de lo vivido sin la pasión que produce este tipo de experiencias con la sensatez de la claridad transcribiré lo que se me permitió conocer.

Unas diez personas estaban allí, cada uno con una información, una historia una respuesta, algunos comentarios sueltos de una charla informal antes de tener la oportunidad de preguntar, algo muy complicado, son tantos los pensamientos, tan poco el tiempo, que se debe ser concreto; al menos fue lo que sugirieron.

Todos los comentarios fueron hechos en similitudes con la tierra, en un perfecto español.

De acuerdo con esas sugerencias, inicio el conversatorio indicado por ellos. Aunque hubiese querido tener libertad de preguntar, no lo permitieron.

**¿Cuánto hace que existen y quiénes son?**

*Una chica joven, experta en historia dijo:*

*Este es un planeta intermedio, relacionado con una parte del cosmos, desde aquí interactuamos con diferentes planetas, tanto los que forman parte de la federación, como lo que están marginados como la tierra.*

*Nuestra tecnología avance y desarrollo, se generó hace unos 10.000 millones de años terrestres, en otra galaxia, en otro universo.*

Nosotros en este sector habitamos hace unos 2'300 millones de años terrestres. Ayudamos para que la tierra pudiese mantener la vida, antes que la luna fuese puesta en su órbita.

Descendemos de diferentes especies, entre ellas la humana, aunque la variación genética y molecular es diferente.

A su vez, la humana, desciende de otras razas, las modificaciones genéticas, son la máxima obra de una raza muy especial.

No todos somos en este planeta iguales, somos una sociedad diversa, con intereses y necesidades diversas, son muchos seres de muchos y variados planetas quienes las conforman, en la búsqueda de progreso de los mundos.

En este planeta, se aprende de todas las culturas, se desarrollan programas, se envían exploradores, se entrenan habitantes de diferentes planetas para investigación, influencia, cambios, avances tecnológicos, sociales, etc.

**¿Cuántos habitantes existen y entre ellos hay humanos?**

*Este planeta de tamaño similar a la tierra alberga 3.000 millones de seres constantes, pero millones también de visitantes.*

*Un gran porcentaje es de descendencia humana. Otros son humanos terrestres que libremente han decidido vivir acá.*

*De todos los extremos de la galaxia donde próspera la vida, tenemos especies, seres inteligentes de diferente morfología, no todas las especies obedecen al fenotipo muscular de la tierra, depende de la gravedad, algunos son bicéfalos como los humanos otros unicéfalos, es muy variada la representación de la vida.*

*La vida se adapta no evoluciona, de acuerdo con su entorno y la influencia de este. Así que aquí, coexisten muchas y diferentes especies.*

Me atreví a interrumpir, "libremente", ¿existe algún tipo de comunicación para que un humano decida venir?

*Así como captamos todo el tiempo las señales que salen de la tierra, radio, televisión, diferentes frecuencias de onda, de igual manera transmitimos información dirigida directamente a los cerebros, pulsos biomagneticos que producen determinados conocimientos o deseos.*

*Los codificamos enviando señales, que son tomadas por los terráqueos con diferentes interpretaciones, apariciones, inspiración, entidades, ángeles, demonios, problemas psiquiátricos, desórdenes mentales, etc., Aun la ciencia en la tierra supone y considera que la vida extraterrestre, no existe.*

*Pero, algunos captan y decodifican las señales, en abril del 1985 un grupo logró conectarse y fue sustraído, hoy viven en otro lugar.*

Recordé el evento, 23 de abril 1985 un bus lleno de turistas procedentes de Rusia, cerca de las pirámides de Egipto, se encontró una videograbación que los muestra mirando al cielo, luego destellos y haces de luz, todos desaparecen, una mujer que formaba parte del grupo, pero no viajo esa noche, reconoció a sus padres, jamás se supo de ellos, entrando a formar parte del misterio, las siguientes fotografías son de las imágenes de la videocámara.

*... Cada día en la tierra personas desaparecen de manera misteriosa, son aquellos que logran contactos, a pesar de que cuentan o narran las señales previas son consideradas con una alteración mental, muchos terminan recluidos en clínicas, donde no podemos ayudar.*

*Pero todo el tiempo enviamos señales, no para influir en comportamientos ni alterar la libertad sino para contactar a quienes interpretan las señales, luego vienen las conexiones y por último la separación.*

*De esta manera, la confederación posee seres de todos los planetas, un gran conocimiento acumulado, idiomas, culturas, procesos sociales, avances, esto nos permite interactuar y en ocasiones vivir en dichos lugares.*

¿Todos viven en este planeta?

*No, existen millones de planetas, naves generacionales atraviesan el cosmos, otras se funden en las masas donde la conexión termina, son semillas regadas en el infinito universo, son millones de planetas, millones de civilizaciones en diferentes grados de desarrollo, donde se genera educación, cambios, preparación.*

Una pregunta obligada, ¿Qué tipo de religión profesan y sus creencias, si es que las tienen, creen en dios?

*Un hombre de aspecto serio, enfundado en un extraño overol, algo ajustado y brillante, portando una especie de centro de comando en su pecho o algún tipo de intercomunicador dijo:*

*Las concepciones religiosas, son una característica de las culturas en desarrollo, las creencias son la forma de justificar lo que no se comprende, utilizada por quienes desean obtener el dominio de los pueblos, creando patrones mentales de limitación.*

*En nuestro sistema, los dogmas no existen, la ciencia demuestra las profundas capacidades de las especies, sin que un dios ajeno tenga influencia en el desarrollo de la vida.*

*Infortunadamente algunas culturas influenciadas en el pasado, a través de los viajeros que impartían educación, conocimiento, las bases de una sociedad en expansión, mal interpretaron las presencias optando por divinizarlos, convirtiéndolos en dioses.*

*Las sociedades creyentes en dioses son los planetas que generan un mayor retraso y un pobre avance, tanto social, tecnológico, cósmico, el empobrecimiento mental crea limitaciones, la concepción de un dios creador reduce la investigación, anulando las capacidades intrínsecas con las que cada individuo es dotado.*

*En el caso específico de la tierra, el planeta tiene un retraso en su desarrollo de más de 15.000 años terrestres.*

*Únicamente por la lucha de imponer dioses. Para esa época lejana en el tiempo, ya se tenían las bases de una sociedad poderosa para la conquista del cosmos, pero, las religiones han limitado el desarrollo conduciendo el planeta cerca de su auto destrucción. Algo que en la fecha preocupa a la federación, la destrucción de un sistema altera todos los ciclos de avance.*

*Y ¿dios?*

*No existe...*

*Una de las razones para que la tierra no pertenezca a la federación, es la cantidad de procesos mentales enfermizos, los contactados y visitantes han debido pasar por procesos difíciles para liberarlos de creencias impuestas, que se convierten en virus mentales.*

*Mientras la tierra no libere un estado de consciencia diferente, se mantendrá aislada, hasta que se desarrolle, o lamentablemente se auto elimine.*

*En todas las culturas terráqueas, el concepto base de la educación, avance, progreso, desarrollo, tecnología, y todos los demás compendios sociales, están fuertemente ligados con creencias.*

*Quienes las promueven dominan el sistema, abren las puertas a la corrupción, la explosión demográfica, el descontrol social, la pérdida total del avance comunitario o mundial, las guerras de la tierra llevan al planeta muy cerca de su total aniquilación.*

¿No pueden ayudar a evitar ese desastre?

*Lo estamos haciendo desde hace milenios, pero cada vez que se pretende guiar o mostrar un cambio, los pueblos rechazan el avance.*

*Dentro de las leyes de la Federación, existe el consenso, que nunca se intervendrá en el libre desarrollo de las civilizaciones, estas deben aprender de sus errores por terribles que puedan parecer las consecuencias de sus actos.*

*Ayudamos, enseñamos, damos pautas, hemos enviado mensajeros, damos inspiración, convivimos* directamente y de manera silenciosa aportamos desarrollos, estamos viviendo en la tierra.

Pero, las luchas internas, los conflictos sociales, la falta de visión planetaria, los dogmas, la mala administración, los están llevando al caos.

¿Cómo considera que la tierra puede cambiar su curso?

Los procesos sociales, deben reafirmar un solo concepto, son terráqueos, en este planeta, hay leyes, reglas, de unidad que se podrían aplicar a la tierra.

¿Cómo es posible que, en un planeta tan pequeño y solitario, existan fronteras entre ustedes?

Todos son habitantes de la tierra, un planeta pluricultural, con una profunda riqueza de conocimiento, limitada por fronteras invisibles.

Una división que produce un proceso social de empobrecimiento y sometimiento para muchos y enriquecimiento para muy pocos.

Los países pobres limitados por fronteras se debaten en guerras absurdas, una lucha perpetua, solo por la supervivencia, acompañados de una explosión demográfica descontrolada, una terrible combinación, una gran población pobre sin oportunidades, limitada, asediada, y más si en su territorio existen recursos.

En los planetas de la Federación, existen leyes de control natural, lógicas, de igualdad comunitaria.

## Leyes de la Federación

Los humanos descendientes, no tienen depredadores naturales, no existe un control natural de la taza de crecimiento, por ende, se debe autocontrolar los nacimientos.

El proceso es simple, educación y control, solo se tendrán hijos, cada siete años durante la edad productiva de las mujeres.

Esto tiene grandes beneficios, con la auto planificación, permite un máximo de tres hijos en todo un ciclo reproductivo.

*Cuando el primer hijo tiene siete años ya es un apoyo, ha tenido, mejor atención, mejor educación, mejor crianza y calidad de vida.*

*El segundo hijo, tendrá un guía, un niño o niña a los siete años, tiene capacidad de orientación y protección, facilitando el desarrollo del segundo.*

*Cuando el primero tiene catorce años, el segundo siete, nace el tercer hijo, con esta premisa los tres se desarrollan con todas las atenciones.*

*Esto reduce la explosión demográfica, menos destrucción de los recursos del planeta, mejor calidad de vida, mayores oportunidades para todos.*

*La igualdad se hace más evidente con menos conflictos sociales, piense por un momento si en la tierra de 8.000 mil millones de habitantes, hoy solo existieran 4.000 millones, ¿dónde quedaría la pobreza? Todos tendrían mayores oportunidades, menos delincuencia, menos conflictos sociales, mejor educación para todos, mayor avance planetario.*

*Menos destrucción del planeta.*

## *Si las fronteras se acabarán las oportunidades crecerían exponencialmente.*

*Pero, hay que cambiar, desde la base, cada división de la tierra o cada país es un territorio aparte de la misma tierra, las naciones pelean entre sí, fuertes guerras por una playa, por el cause de un río que atraviesa dos países, por la riqueza, por la gente, la xenofobia es entre todos los terrestres y peor cuando todos se consideran la mejor raza humana que lo demás.*

*Nos asombramos al observar que, en ese planeta, no existe un líder mundial, todos quieren gobernar sobre territorios limitados, y miran como someter al vecino.*

*Pero no se piensa ni se actúa como planeta. Guerras violentas por imponer un dios, guerras más violentas por imponer una raza, y guerras más violentas entre los mismos terráqueos por poseer el poder. Un planeta donde los recursos naturales, propiedad de todos, son acaparados por unos pocos.*

... Hizo un ademán y desde el conmutador que tenía en el pecho se proyectó en centro del salón de manera holográfica los peores eventos de las guerras que ha vivido la tierra, las cruzadas, la conquista de Latinoamérica, las guerras de todos los países, las gigantescas matanzas del pueblo por el pueblo.

*La decadencia social, vandalismo, homicidios, corrupción, desastres, la tierra es un lugar de anarquías sin control, la lucha de muy pocos para el desarrollo mundial, el consumismo descontrolado, la opresión de los sistemas monetarios impulsan a los países a grandes endeudamientos, que repercuten en pésimas calidades de vida. Un círculo vicioso de miserable pobreza y destrucción.*

¿Qué tipo de armas tienen, y bajo estos principios las usan, que hacen con las guerras cósmicas?

*La federación, antes de entrar en conflicto cósmico, evalúa, las condiciones reales del conflicto y las alternativas que existen para evitarlo, no es destruir la esencia de la guerra, es evitarla.*

*Hemos aprendido duras lecciones en el transcurso de los tiempos, pero cuando la situación es extrema la federación actúa no de forma ofensiva sino* inicialmente disuasiva, terremotos, alteración del clima, cambios magnéticos, conflictos internos, catástrofes, hambrunas, etc. Cuando esta opción no es aceptada, se ejecutan acciones de profundo impacto, esto envía un mensaje para quienes en el futuro desean una confrontación cósmica.

El avance tecnológico de la federación posee un único armamento, la desintegración, esta arma va en diferentes escalas en el manejo de la energía, su uso es universal, la federación ha sido sabía al poseer el control total de su diseño, fabricación y uso, sin embargo, están atentos, nuestra presencia en el espacio es un sector reducido, estamos, abarcamos solo una porción de las galaxias cercanas, a pesar de las naves generacionales y exploradoras el basto universo es infinito.

No conocemos, pero deducimos que aún existen civilizaciones más avanzadas con algún tipo de armas inimaginadas. Pero, estamos preparados para defender esta parte del espacio.

He escuchado comentarios en la tierra de algún tipo de amenazas o conflictos con los terráqueos, ¿ustedes han actuado en contra de la tierra?

*No, el único desafortunado evento ocurrió con el piloto de aviación de guerra Thomas Mantel, él disparó a una nave exploradora, posteriormente entro en el campo magnético liberado por la explosión y murió.*

*No existe ningún tipo de registros de ningún tipo de ataque de extraterrestres a la tierra o dentro de la tierra. Si la federación lo hubiese deseado, ustedes no existirían.*

*La humanidad cuenta con armas para destruir la humanidad, pero son inservibles en el espacio o contra un escudo de energía o contra una influencia extraterrestre un pulso magnético enviado a la tierra cortaría el suministro de energía eléctrica por mucho tiempo, algo que ya ocurrió. Sin energía todo el arsenal quedará inservible.*

Recordé el evento en algunos programas de radio se comentó ampliamente.

Las siguientes fotografías corresponden a la oscuridad en la ciudad de New York, el 9 de noviembre de 1965, cuando una serie de ovnis dejaron sin luz gran parte del territorio de Estados Unidos y Canadá, evento que posteriormente se repetiría, pero no con la misma magnitud.

Hasta la fecha no existe explicación más que la probable falla de la estación eléctrica.

Un planeta pequeño que vaga, solitario, con seres especiales, con especies únicas en el universo, un planeta que alberga los más admirables paisajes, la mejor raza, embrutecida por dogmas y deseos de poder, una raza, fruto de millones de años de procesos, dañada únicamente por conceptos mentales equivocados.

¿Conoce de planetas que hayan superado estas crisis y si así fue, como se pueden aplicar en la tierra?

La codicia es un factor natural que de no ser controlado avanza como un virus, muchos planetas pasan por el mismo proceso en sus desarrollos hasta que llegan al momento crítico y determinado de parar la convulsión, antes de la destrucción total.

Lamentablemente las soluciones son de fondo y deben ser manejadas con tres bases, esto es lo que dice la federación.

**_Ley, Orden, Justicia y Educación_**

## *Ley*

*Cuando un planeta pierde el rumbo y sus habitantes han generado procesos descontrolados, solo queda la aplicación de todo el rigor de la ley.*

*Debe existir lideres reales, con visión futurista de salvar la continuidad de la existencia del planeta y sus especies. Con profunda sabiduría, pero con una voluntad recia.*

*No se puede reeducar una sociedad dañada por el sistema, toca hacer un profundo cambio, la eliminación total del mal.*

*Esto, a pesar de lo fatal que es, envía un mensaje de cero tolerancias contra los delitos de toda índole, corrupción, homicidios, robos, destrucción social, algo que se debe aplicar en todas las esferas iniciando por los estados, deben existir leyes terrestres que involucren todo el planeta, no leyes locales que solo actúan en un territorio.*

*La eliminación sistemática sin juicios extensos sino In situ, puede que sea drástico, pero no hay opción, salvar a un asesino es condenar a la muerte a muchos inocentes.*

**Salvar a un corrupto es destruir las oportunidades futuras de las naciones.**

***Salvar un delincuente, es promover la delincuencia.***

*La guerra social de la tierra está, al contrario, los delincuentes, corruptos, asesinos, violadores, no tienen ley destruyendo al pueblo, las leyes deben ser ejemplificantes, no bondadosas.*

*La única forma de combatir el mal es con un mal más fuerte, nunca con un bien disfrazado de bondad hecho por el mismo mal que se quiere combatir.*

*Toda justicia aplicada debe poseer el criterio de valorar el delito, pero no el delito como tal, sino la raíz de donde nace.*

*La pena de muerte, un evento dramático para delitos de muerte se debe evaluar con equilibrio entre en el acto causado y el castigo impuesto. Pero, es en si el mensaje que se envía, una guerra entre dos naciones por diferencias, de credo, raza, política, es una pena de muerte sistematizada y justificada por el conflicto.*

*¿Hay alguna razón en ello? La bomba nuclear, fue, juez, jurado y verdugo de más de 200.000 seres.*

*Un asesino absuelto posee en sus manos la pena de muerte para sus nuevas víctimas.*

*Los delitos son consecuencia de falta de leyes o de su aplicación, y antes de estas, la falta de educación, oportunidades, administración, mientras en la tierra no existan reglas y leyes de control, no podrán formar parte de la federación, la violencia los ha llevado a una guerra diaria, se destruyen unos a otros.*

### Orden

*Luego del caos de imponer un orden social, llega la aplicación de las leyes, el control de la natalidad, la renovación de recursos naturales, la erradicación y vigilancia de los brotes de alteración.*

*Hay una frágil línea que se debe manejar con sabiduría para no entrar en los extremos, la anarquía y el orden.*

*No es condenar las libertades es educar la libertad, con el orden impartido la anarquía no existe.*

*El Orden es el proceso establecido de organización, a diferencia de las demás especies terráqueas, el humano posee la capacidad de adaptación y transformación, si no existe el orden en todos los niveles, con la premisa del beneficio colectivo no individual, se obtendrá lo que hoy existe en la tierra, el caos.*

• *Se construye sin orden*
• *Se educa sin orden*
• *Se multiplican los humanos sin orden*
• *Se destruye el planeta por el caos y las malas administraciones por falta del orden.*

*La tierra es un increíble planeta, posee cualidades excepcionales, estaciones donde se permite tener recursos todo el tiempo, abundancia de especies, tienen un gran recurso de vida, pero mal administrado, no se piensa en los humanos del futuro, solo en la acumulación de riquezas en el presente, sin importar la destrucción de su casa.*

El orden, debe seguir el orden natural, urbanismo, diseño, agricultura cíclica, minimizar la extracción de recursos, controlar la tasa de nacimientos, en beneficio de la tierra y el futuro de la humanidad.

Un craso error, aceptar la sentencia de los dogmas, "Creced y multiplicaos" el humano no tiene depredadores naturales, debe autorregular la procreación. La expansión geométrica de la raza humana inevitablemente llevara a la destrucción del planeta y por ende de los humanos.

### Justicia y Educación

Dos elementos que no coexisten separados, sin justicia no hay educación, sin esta no hay justicia.

La educación es la máxima inversión futura de un planeta o cultura, es un derecho de cada ser, no un negocio y oportunidad para los pocos que pueden costearla.

La justicia comienza con la educación, la erradicación y absoluta de influencias y dogmas que embrutecen el espíritu y dañan la sociedad llevando al a ignorancia.

*La justicia es la equidad que debe existir entre los pueblos en el avance de los pueblos.*

*Todas las sociedades viven los cambios, basados en intereses individuales, pero un planeta es una porción pequeña de seres que viven en el mismo lugar, sin educación y disciplina, nunca llegará el progreso y si llega, los intereses de unos pocos destruirán el beneficio de todos.*

*La justicia es el principio de la preciada supervivencia de las especies, el consenso mundial que construye los pilares del futuro de la humanidad. Sin esto, el caos llegará de la mano de un líder que en su afán de poder los destruirá a todos. Estos son solo parámetros, debe existir un consenso de todos los países sin que prima el interés individual de uno, mandando sobre el resto.*

*Tomando en cuenta que, en la tierra, la diversidad cultural y, desafortunadamente las creencias fanáticas que han sido causa de 2.000 años de violencia, son muy difíciles de conciliar, las barreras persisten, los conceptos equivocados sobreviven, la adoctrinarían del pueblo se mantiene, así que solo un evento cataclismo, podría en algo romper los limites culturales antes la necesidad de ayuda.*

*Pero... Aun en esas condiciones prevalecerán los equivocados conceptos y muchos se negarán pensando que es castigo de dios y deben continuar una guerra santa.*

*Sin embargo, hemos iniciado en diferentes partes del mundo el "proyecto humanidades" lentamente aun en las culturas con credos más arraigados, existen contactados que comienzan a tener y demostrar ese cambio, lento, paso a paso, pero constante.*

*Próximamente la tierra comenzara a abrirse paso al reconocer oficial y científicamente la vida extraterrestre.*

*Todo esto, incluyendo esta visita, ayuda en el proceso.*

... Han transitado años con este tema en mi mente, como hacerlo, cuál es el momento indicado, cómo evitar los comentarios sesgados, los ataques, las dudas, que es mejor transmitir, lo que veían mis ojos o lo que escuchaba, ¿cuáles deberían ser las preguntas correctas?

No me permitieron traer ningún objeto, y si lo hubiese traído y entregado a investigar la respuesta hubiese sido, se perdió en el correo, no es nada, es un juguete, o cualquier cosa que desvirtuara la realidad.

La curiosidad ante un evento extraño, como quien va en un crucero y se encuentra con los aborígenes por casualidad, descubre una ciudad perdida, pero no tiene como demostrarlo, ¿qué contaría?

Si una noche a usted, en su habitación lo visitan hadas y duendes, le muestran fenómenos de increíble poder y belleza, le invitan a conocer el mundo feérico, al otro día qué y ¿cómo contaría su experiencia, sin poderla demostrar?

Para mí fue más importante conocer.

## ¿Cómo funciona en la Federación?

Otra persona del grupo de origen terráqueo habló.

*Hace milenios los antepasados dejaron las claves para el desarrollo de las civilizaciones, los primeros habitantes de la tierra los nativos, no tenían fronteras ni existía el dominio territorial algo exclusivo de los animales.*

En la Federación, la organización es diferente, al no existir fronteras, no existen países, es una unidad un solo estado.

La administración está sectorizada de acuerdo con las necesidades del planeta y no de un lugar.

Existe el equivalente humano, a una serie de ministros, que son los "consejeros" estos están formados por subgrupos de investigación, análisis, desarrollo, control, capacitación, implementación de las nuevas tecnologías, avances de mejora y recuperación.

Así, estos ministros, apoyados por los grupos y subgrupos de consejeros, administran las diferentes áreas del planeta.

Población, salud, agricultura, explotación de recursos locales y espaciales, estudio, capacitación, navegación espacial, desarrollo tecnológico, biodiversidad, todo lo concerniente con el avance del planeta esa sectorizado y altamente especializado.

Los ministros administran en el desarrollo y beneficio de todo el planeta, a su vez, ejecutan la administración de otros planetas, algunos de donde se obtienen recursos naturales.

Estos ministros no son más que cualquier otro habitante, no hay jerarquías, la diferencia consiste en que desde niños son educados en la capacidad de administrar y tomar decisiones, un gran estudio.

Especializados en áreas específicas, con conocimiento preciso de cada situación.

Algo que no pasa en la tierra donde en un país, el ministro de agricultura es un abogado que no sabe nada del campo, pero es amigo de quien lo elige.

O el ministro de salud, un economista, esto hace que todo marche mal.

Al contrario, en la Federación, las diferentes áreas forman un sistema, una decisión en una, sin duda afecta todas.

No se improvisa, todos están capacitados en un solo objetivo el bienestar y el avance del planeta.

*De esta manera, el control mantiene el equilibrio, no hay intereses individuales, no existe la corrupción, todos son entrenados, educados y especializados para una determinada labor.*

*Así, no existe la guerra por poseer terrenos con recursos, todo es de todos, en el beneficio de todos.*

*Las áreas de investigación y desarrollo crean elementos, maquinaria, naves, herramientas, de acuerdo con las necesidades del planeta y los planetas que forman la Federación.*

*Es un sistema integral, no aislado o separado, en la tierra un país destruye la selva que es de todos por crear negocios.*

*Otro destruye los reservorios de agua que es de todos por conseguir oro.*

*Otro arrasa con especies únicas por conseguir diamantes que den poder.*

*Y es allí, donde se producen las guerras, las invasiones, las matanzas, los negocios sucios, la improvisación, la mala administración y la destrucción.*

*Antes que sea tarde, la raza humana debe cambiar de consciencia, abandonar los dogmas que impusieron la territorialidad y dividieron el mundo, en zonas, naciones, países y lo peor, dividieron el mundo en razas haciendo unas mejores por la bendición de un dios de mentiras y otras miserables y esclavas.*

*Razas de dominio y razas para ser dominadas, animales buenos y otros malos, la lucha entre el negro, el blanco, el mestizo, el amarillo, el mulato, el campesino, el de ciudad, el rico, el pobre.*

... ¿Se podría pensar o sugerir que ustedes no tienen problemas ni situaciones difíciles, es un planeta perfecto?

*Tenemos situaciones difíciles, problemas cósmicos e intergalácticos, es un evento que ocurre a gran escala, algo que es inevitable en el avance de los planetas, siempre va a existir de alguna manera, alguien o algo que desee lo del otro, planetas ermitaños con* desarrollo tecnológico generan otro tipo de guerras, planetas a punto de extinguirse buscan otros menos desarrollados para ocuparlos, es donde la Federación debe actuar.

Si los humanos saben que están cerca de su extinción, pero descubren un planeta con una sociedad incipiente menos preparada, ¿qué harán y cómo? Negocian, o los invaden y los destruyen.

Y, aceptarían las leyes de ese planeta, si no se tiene la sabiduría de los primeros que llegaron a la tierra, ustedes no existirían.

¿Acaso no es lo que hacen todo el tiempo, invadir pueblos por riquezas?

Para obtener la sabiduría y el control se ha pasado por situaciones adversas, un gran aprendizaje.

El espacio es una colmena donde actúan los extremos que mantienen el equilibrio, cuantos más planetas logren el avance el espacio será más seguro.

*La tierra es un planeta joven relativamente, el humano fue implantado hace tan solo dos millones de años, el avance tecnológico real no sobrepasa 150 años, solo tienen 100 del gran avance de la aviación, ¿cuánto más necesitarán para llegar a las estrellas? Pero mucho antes ya tenían los elementos y el conocimiento para volar.*

*Menos con los mil años de oscurantismo impuesto por la iglesia, mil años de retraso, así que aún deben y tienen mucho por aprender a pesar, que se les dejaron las normas, las reglas, a pesar de que se mostraron los inicios de la cultura y el avance, el afán de poder anuló esos conocimientos.*

*Es un pueblo retrasado, que se debate en guerras, en codicia, en su destrucción, crean armas potentes para matarse, pocos piensan en conquistar el cosmos en el beneficio del planeta.*

*Todo el retraso humano obedece exclusivamente a imposición de los dogmas. A pesar de las pruebas irrefutables de otras civilizaciones llegadas del espacio, hoy los científicos que siguen lo que aprendieron, niegan la existencia de vida fuera de la tierra.*

*La ciencia humana influenciada por política, los medios de comunicación, las creencias, no la razón ni el análisis, es servil a los beneficios de los emporios económicos que dominan la tierra y estos nacen del sometimiento de los pueblos a los dogmas.*

*La ciencia no investiga, actúa de acuerdo con subterráneos intereses. Confunde, tima, contradice, niega, no acepta nada que vaya en contra de sus aportes.*

*La ciencia no puede negar, suponer que algo no es, ignorar todas las opciones, la ciencia debe estar abierta a investigar todas las probabilidades, por eso es ciencia, lo que ustedes llaman pseudociencia es más ciencia que la ciencia.*

*Sin embargo, en la tierra lentamente, muy lentamente, bajo las influencias externas se ha comenzado a dar los pasos del cambio, vendrán grandes avances, pero antes debe la sociedad estar preparada para estos.*

Hoy, mirando retrospectivamente, es muy difícil hacer las preguntas lógicas y adecuadas cuando no se está preparado, quería tener la mayor información en el poco tiempo disponible, no era unas vacaciones solo un viaje momentáneo, una experiencia, un regalo. (En el futuro obtendría respuestas) quería abarcar diferentes temas, tratar de comprender en algo su cultura su estructura social.

### ¿Cómo funciona la educación?

La mujer joven contestó: *Nuestro sistema educativo es planificado de acuerdo con las necesidades del planeta, y las características naturales de los niños.*

*Con análisis genéticos y fenotípicos, ascendencia, habilidades, canalizamos la información que debe recibir cada estudiante desde la primera edad.*

*No poseemos un idioma básico, cada ser habla entre dieciocho y cincuenta idiomas, más algunos dialectos.*

*A pesar de sistemas de traducción utilizado por robots exploradores, los habitantes que deben establecerse en algún planeta deben conocer diferentes dialectos e idiomas.*

*Desde la infancia mediante la neuro pedagogía o estimulación neuronal, reciben información o clases, en diferentes idiomas, haciendo de esto una forma natural del aprendizaje. Pero no son clases pedagógicas como en la tierra, es preparación.*

*Esto transcurre durante los primeros catorce años, la formación es integral en diferentes aspectos generales para todos, manejo de armas, pilotaje de naves, supervivencia, combate cuerpo a cuerpo, disciplina, conocimiento de normas respeto, autocontrol, sexualidad y procreación, uso de tecnologías avanzadas en defensa, disuasión y ataque.*

*Si bien puede parecer descabellado en este caso en referencia con la tierra, no es un entrenamiento militar, al no existir fronteras generadoras de conflictos, no existe ejército, pero cada habitante del planeta está entrenado como un combatiente, bien que permanezca en el territorio, o bien porque deba cumplir su actuar en otro planeta.*

*Para ellos con la dosis de energía en su desarrollo, es canalizada de manera natural, competitiva, recreacional, dinámica, no es el mundo perfecto.*

Pero, al igual que la época medieval en la tierra, la infantería del ejército terráqueo tuvo su origen en el entrenamiento de niños para la guerra.

Hoy de alguna manera es igual en la tierra, pero sin canalizar ese conocimiento, es fácil observar que el avance tecnológico sin pedagogía crea problemas juveniles de consecuencias sociales, videojuegos de combate, matanzas, destrucción, manejo de armas, estrategias, uso de naves simuladas, guerras, destrucción, ejércitos virtuales, etc., Que pueden ser mal empleadas en la convivencia.

Es fácil ver los jóvenes terráqueos ejecutando acciones descontroladas, de grandes e innecesarios riesgos, sin ningún control ni orientación, los mismo que los jóvenes de este y otros planetas, pero con diferente fin. Los procesos son similares, las finalidades distintas.

No existe en nuestro sistema grados como en la tierra, donde el estudio es escalonado con conocimientos que no aportan nada, el problema cuando la educación es un negocio no un derecho, el bachillerato de ustedes, la universidad, etc., no hace profesionales ni los prepara para los retos. Nuestro sistema educa, enseña, prepara de manera integral, de acuerdo con las necesidades de los planetas de la Federación, no por oportunidades de labor o trabajo.

Cada joven obtiene el conocimiento de acuerdo con aquello que le produce mayor empatía, los conocimientos básicos los forman disciplinariamente, los conocimientos de preparación los especializan.

De esta manera, no existe una cantidad de personas que pierden el futuro en una lucha constante tratando de encontrar oportunidades.

En la tierra, están retrasados, falta de visión, organización, proyección comunitaria, allá solo educan por negocio no por proyectos universales.

Las personas deben pagar su estudio siendo un derecho que debe ser entregado. **Nunca el estudio de un pueblo es un gasto, es una inversión de mejora futura.**

Los jóvenes poseen grandes e increíbles capacidades de aprendizaje la neuropedagogía, más los estímulos aprovechan el potencial cerebral.

*Aquí igual que en todos los mundos y planetas la juventud es similar, un proceso biológico, es la forma como se canalice ese proceso.*

*Si, en la tierra los videojuegos sin importar que sean de combates o violencia se utilizarán para llevar una enseñanza, los jóvenes serian mejores adultos, pero no hay dirección, solo un negocio de posesión material y enriquecimiento individual, no colectivo.*

*Y, no es que los jóvenes no disfruten de su vida, claro que lo hacen, pero organizadamente, tenemos competencias, deportes, a pesar de los grandes avances tecnológicos, no cambia la vida, la tecnología mejora la vida.*

*Con los años, las estructuras sociales han cambiado, la educación, la forma de ver el futuro, los intereses que dejan de ser personales para convertirse en colectivos. Una sociedad estructurada en el crecimiento de todos.*

... Escuchar que las opciones son simples, un poco de visión y compromiso, algo difícil de aplicar en la tierra donde los intereses son tan banales, el daño que se causa por una mala orientación educativa es tan complejo tratar de comprender el pensamiento de lo lógico.

Tener esta valiosa oportunidad, pero... Como hacer que el mundo al menos pensará en procesos de cambio.

Sabía que mi visita era un primer encuentro, no profundice en los temas, algo que en el futuro lograría ventilar.

## ¿Cómo funciona la tecnología?

Pasó... Lo que nunca pensé que pasaría, ingresó allí... Con total normalidad, mediría un metro con veinte, totalmente verdoso, ojos almendrados, cabeza redonda, cuerpo liviano, brazos y piernas largas y un tronco algo desproporcionado.

Narrar esto, es muy difícil, no existen palabras para describir un evento de este tipo, no es un muñeco, es la biointeligencia cuántica.

Todos hemos oído hablar de extraterrestres, de hecho, se han visto muchas fotografías, y son totalmente reales. Y quien mejor para definir la tecnología del futuro que la misma, mal llamada en la tierra, inteligencia artificial, es mejor **"inteligencia cuántica"**

Se acomodó en una silla flotante, con toda la naturalidad del mundo, alguien le dijo algo en un lenguaje que no pude definir, pero comenzó a hablar en español y esto fue lo dijo:

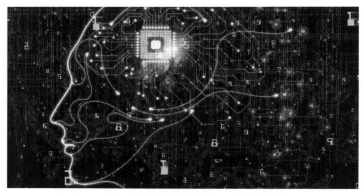

El desarrollo tecno*lógico, es la mejora constante del conocimiento primario, expresado en eficiencia y eficacia.*

*La agilización de los procesos con el menor gasto energético, una copia de lo que hace la naturaleza, la hormiga más pequeña de la tierra, es la Cerebara Bruni, 0.8 milímetros.*

"Ni idea tenía de ese dato"

*Posee la mayor cantidad de códigos cuánticos, en uno de los procesos más eficientes de la naturaleza, fuerza, poder, energía, transferencia y recepción de información, sin tiempo y espacio, capacidad de decisión. Micropartículas interconectadas.*

*El consumo de energía es mínimo puede moverse durante días seguidos a una increíble velocidad, sin ningún consumo energético, una proeza de la naturaleza puede levantar entre siete y quizá mil o más veces su peso, posee un sistema nervioso altamente sofisticado, millones de conexiones actuando simultáneamente.*

*Pero, esta hormiga, solo es una muestra gigantesca de otra realidad,* **la telaraña cuántica,** *después de la inteligencia artificial que hasta ahora están descubriendo en la tierra, existe la inteligencia cuántica, un paso antes de la inteligencia dimensional a la que sin duda el humano alcanzará. Algo complejo de explicar, la energía se presenta en dos formas, partícula y onda, actúan de una u otra manera dependiendo de las partículas y ondas que existan en* *su entorno, cuando alguien está presente "ese entorno" reacciona influenciado por la energía de quien esta ahí.*

*De esta manera, induce que los quantums actúen como partícula materia o como onda de energía. Todo el universo visible para los humanos es una especie de engaño neuronal, para comprender la inteligencia cuántica, algo muy difícil en el poco tiempo, miremos la clave del universo.*

*Todos los cuerpos de los seres vivos poseen sistemas nerviosos o similares, a través de estos se percibe el mundo, se siente, huele, saborea, ve, todo llega a través de los receptores nerviosos. Estos a su vez envían un impulso codificado al cerebro, un olor, un color, un sabor, una sensación, una forma.*

*Pero... Ocurre algo complejo, ningún sistema nervioso está conectado al cerebro. No existe en todo el universo una conexión entre un cerebro y el mundo aparente.*

*Todo termina en los espacios cuánticos de las neuronas. (Véase el libro Imaginación)*

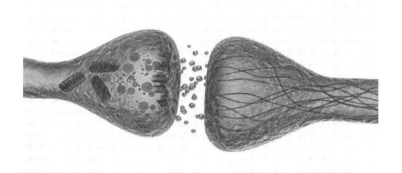

*En otras palabras, toda la información que se recibe del universo se termina en energía cuántica producto de los neurotransmisores, que dan el sentido a la energía bien como onda o partícula, o como ambos al tiempo.*

*Afectan tanto al entorno como a la información que llega al cerebro. Todo en el universo se compone de una onda o una partícula de materia. Es en este sitio donde la inteligencia cuántica actúa, millones de impulsos, transformados en ondas o partículas básicamente proteínas, millones de datos de información de frecuencias de onda al mismo tiempo llegan al cerebro.*

*La tecnología de la federación es actuar de manera similar no solo recibiendo sino enviando la energía cuántica hacia el exterior.*

No voy a trascribir como lo hizo, solo lo que hizo... Un haz de luz comenzó a salir de su ser, lentamente se fue condensando en el aire, el haz de luz comenzó a cambiar, hasta formar una simple taza de café, la misma que estaba tomando el día del primer encuentro.

*Es así como la tecnología ha dominado los espacios y el universo, creando, modificando, cambiando, la taza es real, sin embargo, no lo es, es energía vibrando al tiempo con la inteligencia cuántica y la inteligencia dimensional, sin la una no existe la otra.*

En un lapso llegó a mi mente una imagen, recordé la película Matrix, el aparte de la cuchara y no sé si imagina igual que yo lo que se comprende ahora al escuchar esta exposición.

*"No trate de doblar la cuchara, es imposible... En vez de eso, solo trate de darse cuenta de la verdad"*

*¿Cuál verdad?*
*Que la cuchara no existe... M.*

*Es información condensada en microimpulsos, todo cuanto existe en todos los multiversos procede de la nada, y la nada es la energía absoluta, solo es cuestión de concentrar la nada para tenerlo todo, información, conocimiento, asociación, gravedad, magnetismo.*

*Algo que todo el mundo puede hacer, modificar la forma como trabaja el cerebro e influir en el entorno, a condición de que conozca como canalizar la energía mental.*

*A niveles más complejos, es lo que conoce la tierra como singularidad tecnología o bioreacción neuronal.*

¿? Ni idea...

*Naves, maquinas, sofisticados elementos de todo tipo de usos, todo se convierte en un sistema conocido como* **la telaraña cuántica.**

*Los humanos hasta ahora llevan una precaria información de manera cuántica, están en la base, pero, cuando comprendan como se libera y canaliza la energía de manera cuántica, crearán procesos increíbles, un desarrollo tecnológico y mental sin límites.*

*Un conocimiento terriblemente peligroso para una sociedad no preparada para manejarlo.*

***La telaraña cuántica*** *es la inteligencia dimensional, todo está en el mismo instante en todos los lugares. Un espacio sin tiempo. Ustedes consideran un universo* *físico que no existe, pero creen que es así, cuando la realidad es otra.*

Quería preguntar algo, pero mi amigo me detuvo, es suficiente por ahora... Más tarde en otro momento quizá puedas profundizar, por ahora es un comienzo.

¿Un comienzo?

Se hizo un silencio, quien hablaba lo hacía con toda la naturalidad, sin ahondar en los temas, me preguntaron algunas cosas simples y luego, mientras el extraño ser abandonaba el lugar, con una seña me indicaron si quería preguntar algo más.

Tenía en mi mente un sinnúmero de pensamientos, la taza, la cuchara, la irrealidad real de este universo, en algunos años de mi cerebro se liberaría el poder de la imaginación.

Es la única forma de entregar en otro libro, lo que en ese lugar ocurrió, y, una vez más usted es libre de considerar esto como ficción o realidad.

... Siempre tuve una inquietud, sobre el origen de la raza humana y está era la oportunidad de saber algo más.

En qué lugar de la tierra se implantó el humano y si fue en África por qué la raza afrodescendiente no se conoció sino hasta después de la esclavitud, no hay datos de su presencia antes, en ninguna parte de la tierra, igual, si todos descienden de un ADN primario, ¿Por qué las diferentes razas que existen?

Otro de los seres, quien poseía una serie de crestas sobre su cabeza con apariencia humana, muy alto, se trasladó a una especie de pantalla, en la cual aparecieron asteroides, explosiones, naves, una especie de bitácora digital.

*Desde el inicio de la creación de la tierra, cuando no existía la luna, el proceso de implantación comenzó. La órbita inestable de la tierra alrededor del sol producía*

dos extremos de temperaturas frío y calor, tan intensos que todo colapsaba.

La luna fue lo primero que se implantó, para producir un freno y estabilizar la rotación así como la gravedad.

Hace más de 2.500 millones de años terrestres, durante la formación de la tierra, sufrió violentas alteraciones con la destrucción del planeta, hoy cinturón de asteroides, entre las órbitas de Marte y Júpiter.

Los habitantes de ese planeta de los cuales descendemos fueron los creadores de la tierra y las diferentes razas humanas.

Durante mucho tiempo, quizá dos millones de años terrestres, se realizaron modificaciones genéticas, se crearon los sistemas de clonación natural, que algunos llaman evolución la cual no existe.

Se inició la implantación de la vida en la tierra no solo de los humanos si no todo lo vivo fue implantado.

Es fácil apreciar que en la tierra nada evoluciona, los animales de todo tipo y vegetales son idénticos hoy, que hace millones de años, solo son clonaciones naturales sin que puedan modificarse ni cambiarse genéticamente de manera natural.

El humano no procede del homínido, la ingeniería genética modificó características extraterrestres adaptándolas al entorno terrestre homínidos y humanos son implantados, especies diferentes.

Primero, se produjo el efecto gigante debido a la escasa gravedad del planeta, todo lo era extremadamente, árboles de kilómetros de altura, plantas, insectos, animales, los primeros humanos.

*Aunque es parte de la película "Encuentros cercanos", realmente es un gigantesco árbol fosilizado. A pesar del hablar del tema, no puedo comentar, parece que fue real. Torre del Diablo en Wyoming.*

*La poca gravedad permitía el crecimiento desmesurado y sin control, se debió extinguir muchas veces durante periodos muy largos todo lo implantado.*

*Cuando la luna reguló la rotación de la tierra y la gravedad se estabilizó, si inicio el proceso, sin embargo, algunas modificaciones genéticas no se cambiaron.*

*El proceso no era la siembra de miles de seres de cada especie, tan solo fue un arduo trabajo de miles de años para poder sembrar un solo ejemplar de cualquier especie.*

*El entorno de otros planetas al igual que el espacio, es un lugar hostil para sostener la vida, todo debió ser modificado, probado una y otra vez, millones de intentos fracasados.*

*Para sembrar la vida en la tierra, los grupos de avance o pioneros construyeron bases, laboratorios, pequeñas ciudades en diferentes lugares.*

... La sala se oscureció, las luces lentamente descendieron, pero... A ver como lo explico, no existen bombillos o lámparas, es una incandescencia un extraño resplandor que brota de toda la habitación, hace años en un programa de radio enseñe a ver el aura o campo de bioenergía, algo muy simple, está en algún video de YouTube, pero... Al descender la luz todos brillan, una suave luz los rodea totalmente perceptible a simple vista.

Ese campo magnético es el que alimenta a través de sensores muchos sistemas.

En el centro de la habitación, emergió una esfera flotante, la silla donde estaba se reclinó por si sola, y paso... Así sin más... ¿Usted alguna vez ha tenido recuerdos claros en su mente...? Aumenté la claridad... Comencé a ver imágenes en mi pensamiento... Con los ojos cerrados veía una película, no hay otra palabra para definirlo...

Lo siguiente es la visión...

La tierra hace millones de años, arboles gigantescos, tupida de vegetación, bañada por el ruido melodioso de la naturaleza...

Luego... La imagen cambió al colapso del **planeta Faetón** hoy cinturón de asteroides, no fue un evento instantáneo, se inició muchos años antes, guerras y enfrentamientos entre diferentes razas, **Marte también estaba habitado... y sigue habitado...**

Naves gigantescas de los confines del espacio llegaban... Armas colosales, la guerra de las galaxias es nada...

El mar de ese planeta... Por alguna destrucción ingresa al campo magmático, y probablemente al núcleo, el vapor comprimido hizo que volcanes explotaran, allí se inició un gran éxodo. Primero a Marte, otros a diferentes lugares del cosmos...

*... Eso, que ves... Fue el evento destructivo más violento que ha sufrido el sistema solar donde está la tierra.*

*800 años terrestres duró la destrucción, millones murieron, a pesar de los avances tecnológicos, no existió forma de salvarlos.*

*Hasta que el fin llegó... Vi... Como el planeta se fragmentaba, gigantescas explosiones volcánicas sucedían por todas partes.*

*Es aquí donde hace más de 3.000 mil millones de años, la luna fue trasladada a la órbita de la tierra. Las teorías terrestres suponen que se formó del impacto de un planeta errante contra la tierra, en esa época lejana, la tierra al recibir un impacto de esas magnitudes se hubiera desintegrado.*

*La luna no es natural, ha sido creada, una esfera gigante construida sobre un asteroide. Mientras la tierra era preparada, se establecieron en Marte, mientras tanto exploradores buscaban otro mundo, y se encontró este y otros planetas, similares a la tierra.*

... Las imágenes siguieron dentro de mi cerebro, el inicio de la implantación, la tierra ha sufrido cambios severos y profundas transformaciones, hemos perdido satélites naturales, la destrucción del planeta lanzó una lluvia de meteoros que impactaron contra la tierra, en ese momento algunos de los dinosaurios habían desaparecido mucho antes del desastre.

Los dinosaurios, arboles gigantes, muchas especies, murieron cuando la tierra aumentó la gravedad y se contrajo. Para esa época, la implantación ya había comenzado. Mucho antes de la destrucción del planeta, la tierra estaba siendo "animada".

Lo que hoy conocemos, vemos y sabemos del planeta, son los residuos de cuatro o quizá muchas civilizaciones que existieron antes de la nuestra. Es por esto, que quedaron historias y leyendas, de los extraordinarios sucesos que sin duda volverán a ocurrir.

## Egipto

La mente humana busca en el misterio lo complejo por lo obvio, lo siguiente puede inquietar a algunos lectores, pero, piénselo, no crea en esta narración, no es algo para creer, es algo para pensar y conocer.

Las grandes pirámides, hay más ocultas bajo la arena y muchas en ruinas en Marte, venus y otros planetas. Ya se hablará de los descubrimientos en otros mundos. No son sarcófagos gigantes ni tumbas, cuando los egipcios llegaron y las descubrieron, ya eran ruinas. Las pirámides fueron construidas en el espacio, no por humanos, totalmente ensambladas, desde adentro hacia fuera, pero no para ser monumentos ni tumbas, sino para ser conductores de energía o campos... A ver cómo explico esto...

Todos hemos oído hablar de espíritu, o energía espiritual, chamanes que se comunican con los espíritus de la naturaleza, brujas, magos y el mundo feérico.

Bueno, la tierra posee una emanación de campo de energía sutil, pero de gran poder, no son las ondas o cruces Hartman, tienen más relación con las conocidas líneas ley.

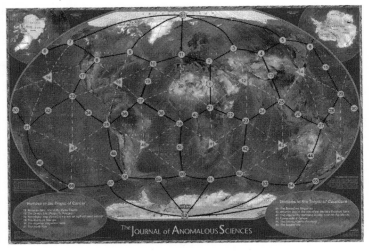

No es casual que, en toda la tierra, la convergencia de determinados puntos de esta energía sea el sitio donde se hicieron las construcciones aprovechando la fuerza terrestre, esta emanación de

energía concentrada a través de las pirámides, puede alcanzar la heliofunda, o la frontera del sistema solar y quizá más allá, es energía, y de igual forma, recibir emanaciones cósmicas.

No existen dibujos, pictogramas, nada que indique como se construyó todo el valle de Guiza, simple no se construyó se implantó.

Las descomunales figuras de Abu Simbel fueron construidas de formas... Que a abre tu mente... Uno supone que fueron talladas con cincel y martillo, no, impresas, con rayos, mire hoy tenemos una impresora 3D, imagine eso mismo en una escala mayor... Deje volar su imaginación, si pudiéramos tener una impresora gigante que no use plástico sino tierra, greda, arcilla y arena, ¿Qué podría esculpir y de que tamaño?

Lo que sigue es aún más descabellado...

## Puma punku

Cerca de Tiahuanaco, en Bolivia están los restos de un gran enclave, un sitio de increíble poder y posiblemente del inicio de la vida en la tierra. No voy a ahondar en el tema, pero usted deducirá, ¿ha visto una fábrica de productos en línea de fabricación?

Miremos estas imágenes.
Cortadas con total precisión.

Uso de maquinaria sofisticada.

La gran mayoría poseen campos magnéticos propios.

Mismo diseño, mismo diámetro exacto, difícil de lograr una por una.

Todas fueron manufacturadas y no sobre la superficie de la tierra. Era una increíble y gigantesca estructura creada en el espacio.

Ellos llegaron a diferentes puntos de la tierra, aún existen y perduran sus ruinas, y pronto muy pronto, algunos arqueólogos "inspirados" descubrirán las ruinas de viejas civilizaciones con tecnologías que sorprenderán al mundo.

Durante miles de años, se implantó lentamente la vida en la tierra igual que en el mar. La visión terminó...

Aunque mi corta visita solo ha sido un vistazo momentáneo de alguna manera es la preparación mental para un reencuentro.

*... Cada centro, manejaba diferentes entornos, climas, desde los más árticos hasta los más desérticos, aún perduran construcciones atrapadas entre los hielos, la creación de la especie humana dista de los creadores, en fenotipo, homínidos, primates, humanos, aunque comparten genomas, son especies diferentes.*

*El humano solo piensa en cuerpo, pero intuye que posee algo más, no es solo la inteligencia supuesta de un proceso neurológico.*

*La pregunta de la diferencia, aunque anatómicamente son similares, es: ¿La energía cósmica modificó el cerebro o la supuesta evolución lo hizo?*

¿Si existiera la evolución porque se detuvo? Me atreví a interrumpir.

*Nada en la tierra evoluciona, se adapta de acuerdo con el entorno, solo los humanos actuales pueden modificar los genes creando especies nuevas ingeniería genética.*

*Lo demás, tal como fue hecho se mantiene, en un universo que ya viste que, aunque parece real no lo es.*

**(*En el libro Imaginación, hay respuestas a este tema*)**

¿Todas las especies de la tierra son similares en otros planetas, igual los humanos? ¿Qué forma tienen los creadores?

*En la tierra existen muchas razas de humanos y un sinnúmero de especies de todas clases. Todas cumplen un fin especial sobre el planeta, no prosperarían sin modificaciones en otros entornos cósmicos.*

*La tierra en sí misma es un ser vivo, animado, que posee vida propia, no es solo un planeta es un ente viviente.*

*Algo que los humanos no comprenden, ni quieren comprender. No está vivo solo aquello que crece y se multiplica y aun así la tierra se transforma.*

*Existe un infinito de tierras similares en muchos lugares del universo, con especies iguales, con humanos iguales, con razas iguales, no es la tierra el único planeta donde se implantó este tipo de especies tan especiales.*

*Las especies de la tierra incluyendo los humanos, son una de las creaciones más valiosas, apreciadas, amadas, respetadas, de todas cuanto existen. Un trabajo de millones de años, una raza excepcional, con espíritus inigualables en todo el cosmos.*

*Pero profundamente equivocados y errantes.*

¿Por qué se fueron?

*No nos hemos marchado, y tú estás aquí, seguimos sin intervenir, la única manera para que los planetas*

se desarrollen consiste en que aprendan a superar sus errores. Los creadores se marcharon, permitiendo el desarrollo libre de los humanos, otros quedaron en bases subacuáticas o en otros lugares.

No imponemos leyes, los humanos deben hacerlo, muy a pesar de que han estado varias veces, cerca de la extinción por sus propios desatinos. Los hemos protegido de las amenazas cósmicas y enemigos comunes algo que los humanos ignoran.

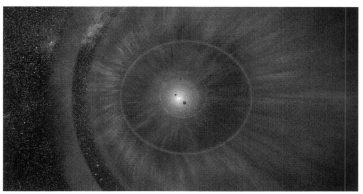

¿Amenazas cósmicas? De qué tipo...

El cosmos o el espacio profundo es un lugar peligroso, fuera de diferentes ondas de radiación provenientes de otros universos, civilizaciones errantes, criaturas espaciales, rayos cósmicos, masas negras y, a pesar de que la tierra se encuentra en un lugar de la galaxia *relativamente seguro, también se encuentra al borde del espacio interestelar.*

Se hizo un silencio... Me pareció que de alguna manera trataban de ser cautos en los comentarios, algo que me dejo ciertas dudas referentes con algunos episodios que han sucedido.

Hace tiempo escuche algo sobre el consejo de ocho, ¿esto existe?

*Existen diferentes federaciones, cada una está conformada por diferentes consejos galácticos, nosotros pertenecemos al concejo de Vega de la constelación de Lyra en el conocimiento que ustedes tienen del espacio.*

*El consejo de ocho es uno de los grupos de investigación, apoyo, intercambio de conocimientos, control, de diferentes planetas entre ellos la tierra, el consejo de ocho coordina con lideres de diferentes planetas diferentes estrategias.*

*La relación, extraterrestres tierra, nunca se ha disuelto, hemos estado de manera silenciosa con algunos contactados.*

¿Por qué no se presentan abiertamente al mundo y de esta manera se cambian los procesos en beneficio de todos?

*La tierra aún no está preparada para comprender, aceptar, entender los profundos cambios sociales, políticos, culturales, económicos, tecnológicos, del error que sería demostrar públicamente la presencia de civilizaciones extraterrestres, se están dando los pasos en esa dirección y este diálogo es uno de ellos, la preparación mental.*

*Lentamente, en diferentes lugares del mundo, algunas personas pueden observar, sentir, contactar, hablar, descifrar y comprender que no están solos en el universo.*

*Las ondas enviadas, son ahora captadas por muchos que se inquietan con estos temas, ven señales, las sienten, se cuestionan, buscan, escudriñan, de alguna manera el despertar de consciencia se está dando.*

*En toda la tierra, nacen espíritus con renovada inquietud, sin importar la cultura, se habla, se hacen libros, se crean películas, se transmiten conocimientos, inquietudes sobre el tema. Adaptación y aceptación.*

*Las bases que existen en la luna y la tierra han comenzado a interactuar con los gobiernos para crear y modificar procesos futuros.*

*En la tierra hay extraterrestres con grandes conocimientos, públicamente conocidos en su apariencia humana, pero oculto sus orígenes.*

¿Reptilianos?

*Esa es otra raza...*

*No solo son reales, son ancestrales de gran conocimiento no solo habitan la tierra si no muchos planetas, es una de las civilizaciones primarias de avances genéticos, aunque la denominación de la tierra para ellos no es la apropiada, son similitudes o características.*

*Proceden de los habitantes del planeta que existía entre Marte y júpiter, creadores, sería la mejor forma de definirlos.*

*Ellos dejaron los conocimientos necesarios para un mundo mejor, conocimiento que fue negado, vedado, destruido por quienes se apropiaron de grandes elementos tecnológicos y sabiduría por las ansias de poder.*

*Pero, ha llegado la hora del despertar, por eso las señales que muchos acusan, sueños reveladores, nacimiento de niños con espíritus inquietos, documentos extraviados que aparecen, estructuras o ruinas que se descubren, señales cósmicas, avistamientos, etc.*

Una pregunta: ¿El caso Roswell fue real?

*Es real... No solo ese caso, han existido circunstancias complejas de interacción entre humanos y extraterrestres desde la creación de la tierra.*

*En todo el planeta hay huellas de la presencia de otras civilizaciones en el pasado terráqueo, enigmas que la ciencia prefiere ignorar a aceptar o al menos a hacer públicas las investigaciones. Es mejor mantener los pueblos en la ignorancia para no perder el poder.*

*Eso alteraría una sociedad fanática de creencias, no es una aberración que ¿un científico profese una religión?*

*Aún más, la tierra ha vivido de engaños de los medios de comunicación masiva que trabajan sobre el colectivo, no es difícil crear películas que muestran eventos que no corresponden con la realidad.*

*La manipulación sectorizada por obtener beneficios, Roswell es una respuesta posterior a la segunda guerra mundial. Pronto en la tierra aparecerán documentos que pondrán en duda muchas de las "supuestas" realidades.*

... Con un amable ademán levantado la mano para detenerme mostró que hasta ahí respondería.

Agradecí de corazón sus comentarios, pero quedaron muchas dudas, que sin duda pasan por la mente de tantas personas que hoy ven con inquietud el pasado, quería saber si el hombre llegó a la luna, pero considero que el comentario final ha sido muy diciente.

Quería saber algo más, algo que pudiera tener como referencia, algo que no sea común, pero lo inesperado nubla la mente, si usted fuera llevado a otro lugar y tuviese tan poco tiempo ¿qué preguntaría?

¿Cómo se puede cambiar la dependencia del petróleo?

Otra mujer joven, demasiado seria, me miró con esa mirada que traduce malestar y algo así como que tontería, bueno, eso percibí.

*La tierra tiene hoy la tecnología para no usar el petróleo, desde hace más de mil años, electricidad, el sol, el mar, el magnetismo, lo que ustedes llaman como cinturones de Van Allen son campos de energía ilimitada, el agua, el hidrógeno que abunda en todo el universo, la gravedad, huracanes, tornados, aun la bioenergía humana que tiene la capacidad para mover una nave en el espacio.*

*Los humanos dependen del petróleo únicamente por el enriquecimiento de algunos pueblos, la gran mayoría de productos de la tierra son con base en el petróleo, la química de este permite esa gama de usos.*

*Se han cambiado los procesos, se informa sesgadamente y se enseña equivocadamente, en la tierra suponen que el petróleo se formó de restos fósiles, no es renovable.*

*¿Cuántos seres orgánicos debieron existir sobre la tierra en el inicio del planeta para formar las capas de petróleo? ¿Más cuando el planeta en sus inicios no soportaba la vida? Algunos muy pocos lo saben, el petróleo es renovable, bacterias especializadas lo producen.*

*Pero, quien esto diga será similar a decir que los extraterrestres crearon la vida.*

*Es tan arraigado el concepto en las mentes que muy pocos, solo los iniciados o iluminados en el despertar están abiertos con las opciones.*

El petróleo es de todos los terráqueos es de la tierra, ¿por qué razón unos lo venden a otros? El agua, el aire, el sol, los recursos naturales son de todos, pero falta mucho para que lo comprendan.

Y falta aun más, para que usen las verdaderas fuentes energéticas, si por medio de las frecuencias magnéticas, unieran las energías cósmicas con las terráqueas obtendrían una campana de energía que cubriría al mundo, energía limpia, ilimitada, eterna, pero eso acabaría los negocios de quienes se enriquecen con lo que es de todos. Y, no lo van a permitir al menos por ahora.

Hace un tiempo se están transmitiendo por procesos mentales e influencia directa, las directrices que permitan el avance de la tecnología para obtener estas fuentes.

Cada día en la tierra hay un ser que aporta un poco en el gigante conjunto del desarrollo. Ya llegará el día en que se anuncien las nuevas energías.

Es tan simple, frecuencias de onda y frecuencias de energía, transmisor y receptor, energía ilimitada.

## DESASTRES

*Consumir los recursos naturales sin renovación, es un error que empieza a mostrar el abuso de la tierra, crear materiales no degradables es convertir la tierra lentamente en un gigantesco basurero cósmico.*

*Debe existir antes que sea tarde un consenso real de "Administración Planetaria" lejos de intereses individuales.*

*El petróleo es la sangre de la tierra, un colchón hidráulico que permite el movimiento interno, se gastan millones de años en producirlo, esta será la causa inevitable de los desastres por venir.*

*La tierra se enfrenta a fuertes cambios, un largo y extenso invierno cósmico, cambios en el sol aceleran el proceso, esto a su vez por la influencia de exoplanetas que alteran las orbitas, la tierra cambiará su eje de inclinación, haciendo que las temperaturas y estaciones sean diferentes en diferentes sitios, reverdecerán los desiertos, y zonas tropicales serán áridas.*

*Al final del verano e inicio del verano cósmico, vendrán grandes transformaciones, desplazamiento de los continentes, cambios climáticos graves, no creados por el hombre, la naturaleza ya inicio el evento.*

*Ustedes, deberán prepararse para el cambio, las zonas costeras, las zonas de influencia volcánica, verán el caos levantarse.*

*Fuertes y devastadores terremotos, gigantescos tsunamis, erupciones volcánicas cuyas cenizas llegarán al cielo.*

*La tierra se renueva, el intenso final de verano cósmico despertará viejas enfermedades, las pandemias harán su aparición.*

*Los eventos naturales desencadenan los eventos sociales, pueblos que se levantan, crisis, recesión, persecución, las guerras internas de las naciones producirán guerras externas, los conflictos bélicos y enfrentamientos serán altamente destructivos, hambrunas, muerte y destrucción.*

*El futuro de la humanidad debe enfrentar el caos acelerado por la explotación sin control del planeta.*

*Dios no existe nada podrá ayudarlos, aunque los vividores de la fe, asi lo griten, ni es castigo de dios, ni dios los va a salvar.*

*El proceso ha comenzado, es inevitable, y muchos gobiernos lo saben, ya existen colonias humanas extraterrestres, solo para unos pocos, no es la ficción de las películas que cuentan la verdad deformando la realidad mental, la neuro influencia da resultado, el mundo vive lejos de las grandes tecnologías paralelas, existen al igual que existen extraterrestres viviendo en la tierra, aportando conocimiento para minimizar el impacto.*

... Quedé pensativo, en algunas ocasiones realizando el programa del "oráculo" predecía algunos eventos, comentados por mi amigo, ahora podía ver el panorama completo.

La tierra, los humanos, nos enfrentamos a cambios cósmicos, procesos que probarán los espíritus, no solo por las alteraciones naturales, sino por las causas sociales que estos van a generar, guerras, destrucción social, confrontaciones, enfermedades, la muerte hará su aparición de formas inimaginadas.

¿No hay oportunidad? Pregunte...

Me asombré, sus ojos cambiaron, realmente igual que su semblante ante mí, pude observar la transformación la metamorfosis, no es un holograma ni un cambio de apariencia es una modificación real, sin la espectacularidad de los reptilianos en la tierra.

Luego conocería la razón de tan extraordinaria raza extraterrestre, me sentí fuertemente intimidado.

... *Todos los procesos naturales son inevitables, previsibles, todos.*

*La tierra debería, adelantar programas que minimicen el riesgo, tienen la tecnología para hacerlo, el afán de buscar un planeta apto para la vida, por ahora no será la solución, tuvieron mucho tiempo, para conquistar el cosmos, pero, los intereses individuales, las tecnologías secretas, las creencias en dioses, la ignorancia en el desarrollo social les ha impedido observar las soluciones.*

*El embrutecimiento del pueblo mediante los dogmas los lleva a vivir el infierno real del que quieren salvarse.*

*No existe un líder, una federación, que actúe en el beneficio de todos los habitantes de la tierra, nadie tiene posibilidades, deberán crear programas reales para afrontar los próximos años terrestres de grandes tribulaciones.*

¿Ustedes pueden ayudar?

Me atreví a interrumpir... Una mirada fría atravesó mi mente...

*... Lo estamos haciendo desde hace 7.000 años terrestres, pero, no podemos intervenir en las decisiones humanas, de hacerlo, ustedes "no serían libres para actuar" eso va en contra del proceso natural del desarrollo de las especies.*

Si ustedes se destruyen es su libertad, si ustedes avanzan es su libertad, les hemos dado herramientas, educación, tecnologías, hemos hablado con líderes, muchos han venido a este planeta y tienen conocimiento real de todos los cambios, pero... Las políticas de enriquecimiento ciegan la razón.

Tecnologías de gran poder, son escondidas del mundo, los avances de contacto son destruidos mediante la violencia, nos consideran sus enemigos, se proclaman en discursos de científicos, que se debe bloquear cualquier contacto a condición de una invasión extraterrestre, hemos estado en la tierra mucho antes que existiera la raza humana.

Así que si quisiéramos una invasión hace mucho lo hubiéramos hecho.

Hoy vivimos y compartimos con los humanos, compartimos genes extra biológicos, muchos seres son híbridos mitad humanos mitad extraterrestres, lo que pase en la tierra nos afecta a pesar de las distancias.

*Compartimos, vivimos, estamos presentes, pero no podemos imponer, ni salvar, ni controlar, esa es una tarea de ustedes.*

*Hoy por hoy, miles de canales hablan de este tema, hoy puedes compartir este conocimiento, si bien muchos desacreditaran este encuentro, otros que han recibido el mensaje lo comprenderán.*

*La misión es de todos, hemos enviado comunicaciones a pesar de que son globales pocos las interpretan, por eso... Están apareciendo cada día, informes, fotografías, vídeos, señales, lentamente se dan los pasos necesarios para los encuentros, esto de alguna manera aliviará los sucesos.*

*Cada día, alguien en algún lugar, algo comenta, algo dice, algo ocurre, la hora del encuentro se adelante y será en el momento en que debe ser.*

*El cambio de consciencia no obedece con la aparición de un mensaje mesiánico o salvador, eso no existe, la raza humana debe modificar su visión de habitantes del cosmos, y, la naturaleza se encargará de aportar lo necesario para que así sea.*

*La federación y el consejo de ocho, está al tanto de los eventos terrestres, ustedes poseen una tecnología de destrucción, no de construcción, al igual que en otras ocasiones, cuando han querido llevar la destrucción fuera de la tierra, la federación ha actuado evitando que eso ocurra.*

*Tenemos bases terrestres, lunares, orbitales, convivimos con los humanos, sin mostrar nuestra verdadera apariencia.*

*Así conocemos e intentamos modificar los eventos cósmicos, los eventos humanos son de los humanos, los espaciales están controlados por la federación.*

*Interrumpí otra vez, quería confirmar algo, y que mejor que aprovechar el momento: ¿Qué tipo de bases existen en la luna y si son igual en Marte o en la tierra?*

*Existen desde hace millones de años, la mentalidad de la tierra es limitada al concepto "tiempo terrestre", pero el tiempo es más complejo que una suma de años. La lunaformación, ocurrió cuando la tierra se enfriaba, ya era una base de los colonos, la cual estaba lejos de la órbita terrestre, aun es ocupada, dentro de la luna existen diferentes bases de estudio, investigación y vigilancia de la federación.*

*Por más documentos, pruebas, filmaciones, consideran la luna deshabitada, pero... Pocos objetos terrestres han logrado llegar a ella.*

*Sin embargo, conocen que no existe libertad fuera de la tierra.*

*Marte igual que la luna, está habitado, colonias tanto humanas como extraterrestres y otras razas algunas hostiles.*

*Gran parte de Marte es similar con la tierra, pero reducida su población, muy pronto se verán las señales, todo está listo de manera simultánea, el caos de la tierra con la apertura al cosmos.*

Me miró como invitándome a preguntar y eso hice, una pregunta concreta pero compleja.

¿Cómo y cuánto hace que se creó el universo?

El grupo allí reunido se miró unos a otros, como permitiendo quien respondía, la danza de rostros parecía una alucinación, ocurrieron algunos eventos que no me permitieron transcribir.

Un hombre a mi parecer, pequeño de cabeza alargada, sin parpados nada parecido a lo que se ha visto en la tierra, lo asemeje con una figura egipcia pero reducida en tamaño respondió.

*Trataré de hacerme entender, dijo:*

*Para comenzar es importante tener en cuenta que el tiempo humano dista de lejos con el tiempo cósmico, los terrícolas suponen por el efecto Doppler un eco de la supuesta explosión cósmica que dió origen con la creación, eso no es cierto, es el concepto humano que trata de explicar fácilmente el más increíble acontecimiento, la vida.*

*Primero, el inicio de la materia y la antimateria fue un proceso lento no explosivo, no hay forma de medir "un tiempo" donde no existe el tiempo.*

*La primaria energía base de todo cuanto existe, produjo diferentes vibraciones, estas a su vez, generaron diferentes dimensiones tanto espaciales como temporales y aun atemporales.*

*Todos estos procesos lentos de intercambio, mezcla, acumulación, dieron como resultado el poder de la gravedad que es en sí la energía que sostiene la materia.*

*Millones de universos se crean, crecen y mueren constantemente en periodos de tiempo imposible* de medir. Un segundo terrestre o un eón, no existe forma de medir, al igual que no existe forma de medir el tamaño de los multiversos, una galaxia puede ser un grano de arena o universo cuántico con mundos, planetas, seres vivos.

Existen galaxias colosales que abarcan universos completos, infinitas representaciones de formas diversas de vida inimaginadas.

La edad del universo desde el punto de vista terrestre es un punto que aun considera un tema geocéntrico, y no multicéntrico.

Cada universo se crea de diferentes maneras y en diferentes dimensiones con vida material o inmaterial, visible o invisible, la creación no sigue un patrón especifico, un concepto humano de evolución, algo que tampoco existe.

Fuera de lo anterior existen universos como este, donde la tierra, este planeta todo cuanto existe es una ilusión mental.

*La realidad de este plano es subjetiva no objetiva, es energía transformable algo que aun la humanidad no comprende, aunque lo intuye, un universo único y especial, modificable y alterable mediante la energía mental.*

*En la tierra, excepto el pensamiento humano algo supremamente poderoso, todo lo demás es una clonación sistémica constante que no evoluciona, ciclos interminables de lo mismo, ¿sí los humanos no existieran en la tierra, ¿cómo sería la tierra? ¿Qué cambiaría? ¿Qué evolucionaría?*

*Así con toda la galaxia de este universo especifico, pero el poder del pensamiento transforma la temporal ilusión, en realidades. El conocimiento transmitido de manera generacional, más el conocimiento implantado permite que los humanos modifiquen la energía que forma este universo, pero... Aun falta mucho para comprender el poder mental.*

*Todos los universos y multiversos no poseen tiempo de creación, la asociación de energía mediante la gravedad o magnetismo crea un infinito de creaciones* de manera constante, un ciclo perpetuo, pero temporal en el campo material o físico.

Todo y todos los multiversos son un sistema auto integrado, autocontenido no existe un evento cuántico en un lugar de la existencia que simultáneamente no afecte a todos.

Transferencias instantáneas de códigos de información, reflejos de la existencia libres del tiempo y el espacio, materialización y desmaterialización, todo cuanto existe dentro de los multiversos está en todas partes con diferentes representaciones. El reflejo del infinito espejo cósmico, cada partícula de energía, está reflejada en todo cuanto existe.

Pero se necesita aun de algún tiempo para que los humanos comprendan como actuar cuánticamente, llegando a ser creadores de universos.

Se miran las estrellas en búsqueda de respuesta, pero las respuestas se alojan en el interior de la materia.

Es igual con la mente humana todas están unidas entrelazadas, el concepto filosófico de los destinos *que se entrelazan. Así ocurre en todos los universos y multiversos que estén en esta dimensión.*

*En la energía primigenia, es un fractal inverso, donde una energía es al tiempo onda o mente y materia.*

*Todo existe sin existir, el universo es real solo cuando lo observas.*

*Cada mente es un universo con un poder desmedido que crea universos internos si sabe manejar el ilimitado poder de la imaginación.*

Concluyó su exposición, así simplemente, luego existieron algunas demostraciones del poder que ellos tienen a nivel mental, concepto humano de fenómenos paranormales que no lo son, es el control del pensamiento, se puede crear de materia de la energía mental, en otras palabras, se puede crear todo.

No existen palabras en ningún idioma para expresar y menos el conocimiento para comprender cómo actúa el interior del cerebro modificando, entrelazando, creando, transformando la primera energía, muchos filósofos, culturas, monjes, pensadores, han hablado por siglos de este tema, pero poco interés se les ha prestado.

Mi corta visita estaba por concluir, trataba al máximo de obtener la mayor información posible, y claro que sí, quería tomar fotos, traer objetos tecnológicos, pero un comentario me hizo preferir no hacerlo.
Otra vez el mismo pensamiento...

¿Qué pasaría si tengo fotografías? Qué se acepta mejor una información o una fotografía que puede ser catalogada por falsa, montaje, etc., ¿O traer un objeto?

En la tierra ya hay millones de objetos extraterrestres escondidos en museos, ese es el final de una tecnología que la humanidad aún no comprende, usted que haría si tuviera en sus manos una diadema que le permitiera controlar una nave espacial con su pensamiento. Pero no tiene la nave para hacerlo, en bien diga que la tiene millones dirán que es falsa, que quiere fama, que quiere llamar la atención, que quiere dinero, sin embargo, eso ya está en la tierra y no una, miles.

Pasaron algunos eventos, vi personas, seres, animales, insectos con inteligencia, vi los reptilianos que distan de los conceptos humanos, vi que todo es una ilusión, que la realidad objetiva no existe.

Me intereso profundamente el tema de la imaginación, los destinos, algo que pudiera transmitir a mis oyentes. Pregunte

¿Cómo funciona la imaginación?

Una mujer humana de muchos años, pero increíblemente conservada, con una suave sonrisa me miró y dijo:

*A diferencia de la tierra, la educación no debe ser mecanizada con la recordación sino con la compresión, existe un lenguaje universal, pero millones de dialectos, la imaginación es ese lenguaje, un pocillo sea de arcilla o altamente tecnificado...*

... (Nano sensores entregan información de cómo está la salud simultáneamente, los micro impulsos musculares para sostener el pocillo, la saliva con todos los componentes químicos, la temperatura con la cual consume los alimentos, la forma del ángulo de los ojos al tomar el pocillo y llevarlo a la boca, nadie supone cuantos parámetros de salud se logran medir con el solo acto de tomar un café, bueno es tecnología del futuro)

*... El pocillo es el mismo en cualquier planeta, al menos la imagen, los avances tecnológicos en neuro aprendizaje, permiten actuar directamente sobre el cerebro un sistema de conexiones bioeléctricas, pero con varias salvedades, al imponer una imagen, esta va acompañada de una extensa información codificada en impulsos eléctricos, de esta manera, no es solo la imagen sino su significado en miles de lenguajes o dialectos de miles de planetas, el pocillo es el mismo aunque se nombre, se pronuncie, se escriba o simbolice de diferentes formas.*

*La imaginación es el lenguaje que modifica todo cuanto existe en la vida de un individuo, humano o extraterrestre, en la tierra aún se enseña por repetición, teorías obsoletas, más como negocio que realmente educación.*

*El sistema de aprendizaje mediante la imaginación comienza por saber imaginar, controlar el pensamiento, tener la capacidad de reconocer cuando las ondas cerebrales son receptoras o transmisoras, codificar los códigos complemento de la información, una especie de información cuántica, el mundo es real cuando se observa, y, sí se crea un mundo mental que otros puedan imaginar, es real.*

*Antes de transferir la información que se desea, un idioma, el conocimiento de un planeta, cultura, historia una tecnología, etc., Se debe preparar el cerebro para recibir tal magnitud de impulsos de lo contrario colapsaría.*

*¿Quiere intentarlo?*

Quedé paralizado, literalmente paralizado, al inicio no entendí la sugerencia, mi amigo me observo sonriente y con un ademán me invitó, entramos a una... ¿Cómo explico algo que nadie conoce? No es una habitación, pero es un recinto esférico, en el centro una especia de camilla levitando o flotando en un campo magnético, me indicaron que me recostara y estuviera tranquilo, a pesar de haber practicado la hipnosis por mucho tiempo nunca fui hipnotizado, pero es la única manera de exponer lo que sucedió.

Vi sus ojos profundos, suaves, extraños... Mis parpados pesaron... Mi mente entró en un estado de trance... Era consciente pero profundamente relajado, un profundo... Muy profundo estado... De relajación y vacío... Mental... En mi mente como una pantalla, veía imágenes abstractas, colores fulgurantes, miles y millones de rayos de diferentes colores u ondas de vibración me atravesaban, toda la esfera lanzaba destellos... De todos los rincones... En mi estado de trance era consciente... Hasta que entre en un estado más profundo... Todo se desvaneció... Desperté como si hubiera dormido mil horas... Una mente clara, limpia, sosegada... No sé cuánto tiempo transcurrió...

*Ha sido una experiencia, de la forma como se transfiere información, conocerá y recordará muchas cosas, pero no sabrá cómo las aprendió... Están ahí en su mente, siempre y cuando las libere, esto pasa en todas las personas, sin necesidad de la tecnología, es conocimiento de otras vivencias, de otros espacios y otros tiempos.*

¿Quiere decir que la encarnación existe?

*El alma, espíritu, consciencia, no muere, ni se destruye, es energía pura, el cuerpo es un tránsito físico temporal, las vivencias son experiencias y por ende conocimientos que se perpetúan a través de las vidas. Sabiduría y conocimiento, no la forma como se obtuvo, similar con la experiencia que se tuvo, se transfiere información, en la vida se recuerda la obtenida en otro tiempo y espacio.*

*No es la forma como se obtuvo la que perdura sino la obtenida. De alguna manera ya ese conocimiento sobre la vida y la muerte ha sido transferido, cuando lo requiera recordará que lo sabe, pero sin saber cómo lo sabe.*

*Así es para todos, de alguna manera intuyen algo, pero ignoran que ese es el conocimiento obtenido, la imaginación desenvuelve el hilo de sabiduría que llega como inspiración, escritores, científicos, inventores, etc., Aquello que más se desea o se anhela es la continuidad de otras experiencias en el tiempo.*

*La imaginación es la manera como se logra imprimir materialmente los pensamientos, darle forma a la creación, transformar, aprender, descubrir, asociar, todo cuanto se ha formado en la naturaleza sin importar la tecnología, el avance cultural, raza, todo primero debió ser imaginado.*

*Algo que la inteligencia artificial jamás podrá lograr, imaginar, ella obedece a un programa matemático altamente sofisticado, basado en acumulación de pruebas fallo y error, pero nunca podrá imaginar, jugará ajedrez, pero analizando matemáticamente los movimientos, nunca imaginará una jugada.*

*La inteligencia artificial posterior la inteligencia cuántica y la inteligencia dimensional, es la creación de alguien que la imagino, no en la tierra sino en el cosmos, los mundos virtuales irreales, son tan reales como aquel que los imagine que así son, los universos reales son tan virtuales e irreales como quien los imagine que así son.*

Una pregunta, ¿Antes de la cultura humana, existieron civilizaciones altamente tecnificadas en la tierra, llenas de magia, la misma magia es imaginación?

Pronto lo descubrirá...

En ese punto termina la conversación, con su suave sonrisa me dejó la inquietud de lo que había experimentado, desde mi primer encuentro en la Calera, de alguna manera me había acostumbrado a una serie de eventos extraños, desconocidos, mi mente trataba de retener todo cuando vivía.

Todo el grupo allí sentado, seres diferentes, tecnologías futuristas, avances científicos de magnitudes colosales, la humanidad no ha avanzado tecnológicamente en nada, la mente controla todo, teletransportación, manejo de espacio tiempo, procesos cuánticos, construcción de órganos humanos, la magnífica simbiosis entre máquinas y organismos vivos, la ficción humana no hace mérito al cambio de consciencia futuro.

El manejo de energías magnéticas universales, abren las puertas al cambio social, planetario, cósmico, el control de la gravedad permite crear ciudades espaciales, submarinas, naves que parecen planetas errantes, bilocación cuántica, estar en varios lugares al mismo tiempo sin importar las distancias, es como uno colocar mil cámaras de vídeo en mil lugares diferentes algo simplemente increíble.

Las cirugías del futuro, en el caso que se requieran son energéticas se puede separar la piel sin cortarla, estimular la regeneración de huesos y órganos, o implantar células neutras que recuperan lo lesionado.

El avance en genética llega al extremo que se puede volver a hacer regenerar de manera natural un miembro amputado como lo hacen muchos animales en la tierra, el envejecimiento se ralentizado, se puede vivir hasta no sé 300 años, tomando en cuenta la diferencia de tiempo entre la tierra y el cosmos, en la tierra marcamos el tiempo en la duración de una rotación solar, la dividimos en años, meses, semanas, días, horas, minutos, segundos, instantes, el sol marca el tiempo, día o noche, pero... Cuando en el espacio profundo ya no existe ese tiempo terrestre, hay otras medidas diferentes.

El humano tiene la posibilidad de vivir muchos años, si viajara a las estrellas a tan solo 8 minutos luz de la tierra no se envejece ya no actúa el tiempo terrestre.

En todo el universo, al igual que arenas en la tierra, solo un puñado de lugares en el cosmos tiene desarrollo tecnológico avanzando, millones y millones de planetas en todas las galaxias están en espera del despertar. Una tarea colosal que requiere millones de seres.

*Esta imagen cubre un campo de 0.5 ° x 0.5 ° en la constelación sur de Norma (The Level) y en la dirección del "Gran Atractor". Esta región está a una distancia angular de aproximadamente 7 ° del plano principal de la Vía Láctea, es decir, menos de 15 veces el ancho de la imagen mostrada. En este compuesto de color, las estrellas en primer plano en la Vía Láctea aparecen principalmente como manchas blanquecinas (las "cruces" alrededor de algunas de las estrellas más brillantes son causadas por reflejos en la óptica del telescopio). También se ven muchas galaxias de fondo. Forman un enorme cúmulo (ACO 3627) con una serie de galaxias brillantes cerca del centro; se destacan por su mayor tamaño y color amarillento. Para facilitar el transporte a través de la Web, esta imagen ha sido comprimida por un factor de cuatro desde su tamaño original (8500 x 8250 píxeles). El norte está arriba y el este a la izquierda. Sobre la imagen Carné de identidad ESO9954C*

Si observa esta fotografía, solo puede apreciar una pequeña porción de un grano de arena cósmico, difícilmente se podrá apreciar la infinidad del cosmos, un lugar que espera por crecer, hoy tan solo existen civilizaciones alejadas en las profundidades de un espacio sin límites.

Nadie imagina el valor de un planeta habitado... Lo afortunados que somos de existir, lo que falta por conquistar, pasarán millones de años antes de poder sembrar como humanos, una semilla en tan solo una galaxia cercana, y existen millones de galaxias por cada grano de arena de la tierra.

## Constelación de Cygnus

61 Cygni estrella binaria en la constelación de Cygnus a 11 años luz. Probablemente el lugar.

Mi amigo sugirió que ya casi era el momento de regresar, queda un poco de tiempo para concluir este primer encuentro así que quería aprovechar con algunas inquietudes, realmente no puedo medir el tiempo transcurrido y hoy con una mirada retrospectiva jamás se me ocurrió mirar el reloj.

Luego de preguntas informales sobre mi persona algo que no viene al caso comentar, de hecho, la gran mayoría de oyentes conocen o intuyen parte de esta historia con algunos temas que se tratan en los programas y en el **canal de YouTube Wicca Escuela de la Magia** y en la página web **www.radiokronos.com**

¿En el desarrollo físico humano, como será genéticamente en el futuro?

Apreté las muelas y subí los hombros por esta pregunta, si, exactamente como lo acaba de hacer, creí que estaba haciendo el ridículo, lo recuerdo como algo curioso por los comentarios que hicieron sobre el extraño gesto. Pero no hubo risas... Solo una mirada... Qué pena...

El que poseía una extraña cresta sobre su cabeza, ojos sin parpados, en fin... Contesto.

*El humano genéticamente se dividirá en diferentes fenotipos no por evolución sino por alteraciones genéticas, algunas desarrolladas para mejorar la raza, otras por consumo de químicos, otras por adaptación. Los primeros cambios se apreciarán en el desarrollo de los órganos sexuales, los cuales sufrirán alteraciones produciendo descendencias con cambios drásticos.*

*La única raza que mantendrá su ADN casi intacto con el paso de los años es la raza afrodescendiente o autóctona del planeta.*

*Las demás que se desarrollaron con variaciones genéticas producirán cambios en el tiempo, perdida del cabello, reducción de los órganos internos, adelgazamiento del cuerpo calloso cerebral, permitiendo un mayor crecimiento del cerebro por ende mayores capacidades mentales.*

El mismo avance tecnológico, la vida sedentaria, la pésima nutrición hará que el sistema muscular se atrofie produciendo mayor adelgazamiento.

No pasara mucho tiempo humano antes de comenzar a encontrarse con este tipo de alteraciones genéticas.

Cada vez la taza de vida será más larga, para determinados grupos, mejorarán sus condiciones, otros sufrirán mutaciones, creadas por los químicos que hoy por hoy se consumen, vacunas, medicamentos, abuso de drogas, alcohol, un porcentaje elevado de hombres tendrán alteración de los espermas al igual que muchas mujeres tendrán problemas de óvulos, si estos se unen los nacimientos tendrán otras cadenas genéticas alteradas, por ende su descendencia serán seres de una variación física... Lamentablemente una desgracia.

Hemos estado influyendo directamente con algunos terráqueos en el control genético sin imponer ningún criterio, pero si mirando el desarrollo natural para mejorar los humanos luego de la reducción poblacional.

Exactamente hice lo mismo, mis ojos se abrieron y luego arrugué la frente, al escuchar esas palabras cual sentencia.

¿Reducción poblacional?

*La tierra debe estar preparada por dos influencias de alteración una interna y otra proveniente del espacio profundo, la cual afecta la primera, la otra influencia de alteración son los cambios de su estrella, pero no hay manera por ahora de saber en cuanto tiempo, se conoce que está sufriendo una serie de alteraciones que se salen de los patrones solares, es algo nuevo una contracción solar.*

*Estas situaciones causarán cambios sociales radicales, renacerán bacterias y virus de épocas antiguas, todo en conjunto producirá cambios en la genética humana, dependiendo del origen de cada raza, recordando que no todos los humanos pertenecen a la raíz primigenia, en la implantación fueron diferentes. La tierra tiene algunos años no muchos para buscar y avanzar en la conquista del espacio, en lugar de guerras las naciones deberán unirse en bien común de la humanidad. Para que esto ocurra, primero vendrán los enfrentamientos no entre humanos sino con la naturaleza.*

¿Ustedes pueden ayudar?

*En eso estamos, pero... Los intereses políticos, las diferencias culturales, la religión, los intereses económicos, no lo permiten, y el consejo de ocho o de la federación ha intentado en vano lograr acuerdos, los dirigentes de la tierra nos ven como una amenaza y no un apoyo en la mejora de la vida.*

*Por decreto de la federación, no podemos intervenir directamente, pero... Seguimos enviando ondas para concientizar individualmente.*

*Cuando usted comente este encuentro, muchos que lo escuchen o lo lean, sincronizaran los comentarios con sueños, visiones, revelaciones, pensamientos, conocimientos, intuiciones, esto es otra forma de conectar psíquicamente a los humanos.*

*La gran mayoría lo percibe, de alguna manera sabe que algo hay, pero no aún no lo comprenden, por diferentes canales, personas hablarán del tema, otros tendrán revelaciones mentales, otros verán y todos lentamente, paso a paso, abrirán la puerta para los encuentros futuros.*

¿Pero ustedes conviven con los humanos es correcto?

*Lo habíamos comentado, estamos en todas las esferas sociales de la tierra de manera desapercibida, terráqueos que han viajado a este planeta y regresan a la tierra, grupos de diferentes razas, seres dimensionales, seres invisibles para los humanos, seres reducidos de tamaño que pueden desarrollar teletransportación.*

*Desde que se implantó la raza humana nunca han estado solos...*

Una pregunta... ¿Los duendes, hadas, seres del mundo feérico son extraterrestres?

*Los seres que pronuncia o conocidos como elementales, han acompañado la humanidad desde la misma implantación, no se pueden definir como extraterrestres sino como tetradimensionales o polidimensionales, metafísicos, etc., No obedecen con las leyes físicas, son físicos, son energía, son seres de la misma existencia, así que pueden actuar tanto físicamente como energéticamente, quantums vivos...*

*¿Si el futuro del hombre está en las estrellas, podría sugerir que tipo de nave usar o que propulsor?*

*Antes de abordar temas complicados tecnológicamente, aun la tierra no cuenta con la capacidad de construcciones espaciales, las naves de hiper velocidades, y no hablo de la velocidad de la luz, es un equivocado concepto humano, estas naves no se pueden construir sobre la superficie de la tierra, se requiere gravedad cero, escasamente existe una pequeña estación.*

*El magnetismo cósmico condensado, llamado por ustedes masa negra, es una impresionante combinación de frecuencias de onda o gravedades, las cuales vibran en otra proporción infinita de frecuencias.*

*Si una vela espacial es movida por un solo fotón empujándola a supuestas grandes velocidades terrestres 50.000 millas por hora, eso es una cifra totalmente reducida, no se puede pensar en velocidades* terrestres para viajar en el espacio, se debe abrir una ventana mental a otras leyes.

Se han quedado atrapados en el concepto años luz, velocidad del sonido, de la luz, eso funciona terrenalmente, pero no, espacialmente.

Viajar entre dimensiones o masas, doblar el espacio por medio de diferentes frecuencias de ondas magnéticas, a manera de ejemplo: imagine una señal de radio que emite en una determinada frecuencia, la frecuencia magnética o radiación de onda electromagnética viajan en la tierra a la velocidad de la luz, en el espacio aumentan la frecuencia hasta doblar el espacio, no se podría medir las velocidades en millas, el humano debe romper el concepto de distancia y tiempo.

Para eso se requiere de motores y receptores altamente tecnificados, si se ensamblan sobre la tierra, alterarían el magnetismo terrestre.

Es la razón por la que a pesar de tener muestras de esta tecnología aún no la pueden desarrollar, cuando se descubrió la pólvora en China, se lanzaba un pequeño cohete de distracción, aun la tierra lanza *pequeños cohetes con combustible, realmente hay mucho retraso.*

*Hasta ahora y posterior al año 1945, con base en la ingeniería inversa la tierra ha dado un salto tecnológico, pero canalizado en ocasiones al consumismo, aunque de manera paralela y sin gran conocimiento público, en la tierra existen grupos con los cuales trabajamos en el desarrollo de la tecnología primaria para crear la tecnología que permita construir estaciones espaciales para el desarrollo de otras tecnologías, es un proceso que requiere romper los intereses de las naciones, algunos tienen algo que los otros necesitan y eso ha sido un freno como ustedes le denominan burocracia.*

La verdad cuando escuche todo esto, algo... Que decir... Recordé algunos apartes posteriores al fin de la segunda guerra mundial y el avance posterior de la tecnología, estar aquí, ver, sentir, saber que existen infinitas posibilidades, el mundo debe cambiar, no imposiciones de creencias, sino por la unidad del desarrollo humano con criterios sensatos, con el respeto a la vida y la existencia, quizá de alguna manera todo esto sumado a las señales que ellos envían el mundo logre que el proyecto humanidad sea real.

¿Las naves que ingresan a la tierra, son diferentes a las naves espaciales, que tipos de forma tienen?

*Los tipos de naves con campos magnéticos pueden tomar la forma que deseen, el concepto humano del desplazamiento dentro de la atmósfera supone una aerodinámica especial, para sostenerse con el viento.*

*Sin empuje y corrientes de aire no existe otra forma de volar.*

*Pero las naves gravitacionales pueden levitar, al cambiar los cambios gravitacionales no existe el peso y levitan.*

*Existen naves como la luna, o naves como un apartamento o con cualquier forma.*

*Las naves normales o exploradoras que se ven o llamados platillos voladores, son procesos de condicionamiento mental, lentamente seguirán apareciendo de manera regular, aparecerán huellas, fotografías, videos, contactados, todo tiene un fin para ir concientizando en la mente de todos, nuestra existencia.*

Levante la mano para interrumpir, ¿qué tiene esto que ver con los llamados hombres de negro, pertenecen a ustedes?

*No debería hablar de ese tema, pero... Luego de 1945 y ante la posesión de material y tecnología extraterrestre, se trató de ocultar cualquier tipo de información relacionada con eventos de esta índole.*

*Existía dinero, grandes científicos, objetos increíbles, una avanzada y desconocida tecnología, unos obtuvieron una parte, otras naciones otra, hasta ahora no han podido encontrar lazos para unificar las dos partes, las enemistades hicieron que cada cual cuidara con celo sus pertenencias.*

*La codicia humana en el alcance del poder, intentamos recuperar algo de esto, pero... El estado bélico, y la poca consciencia humana, solo generó en enfrentamientos.*

*Los hombres de negro no pertenecen a nosotros, aunque en ocasiones debimos asesorarlos en el manejo de tecnologías altamente peligrosas para evitar desastres, la tierra ha estado muchas veces cerca de su auto destrucción y hemos intervenido para que no suceda.*

*Junto con estos grupos se crearon por intermediarios o mensajeros, pactos de ayuda y no intervención, lamentablemente todo eso término en tragedia, fue cuando por decisión de la federación, se retiró el apoyo, educación, investigación, mientras que la consciencia humana no cambie sus conceptos bélicos en búsqueda de dominar la tierra, no formamos parte de las naciones que eso desean.*

*Preferimos generar aceptación, desde que se rompió el pacto hemos trabajado con personas, medios, creando películas, series, haciendo apariciones, hemos inspirado a algunos humanos que han desarrollado programas, tecnologías aisladas, en algún lugar de la tierra todos los días alguien despierta con una idea, alguien desea crear algo, cada día un humano, niño, niña, mujer u hombre, se siente inspirado a algo.*

*Son partes del gran rompecabezas deseos de la federación no entregar el conocimiento en manos de un exclusivo grupo, sino crear integración humana, sin más intereses que la búsqueda del avance para todos.*

Mientras miro mis apuntes, después de tantos años los relaciono con los acontecimientos ocurridos al final del 2010 cuando se terminó el tratado de no intervención y los terremotos del 2011.

Los hombres de negro desde el año terrestre 2011 lentamente han dejado de actuar. El 2011, el año que la humanidad cerró la puerta a grandes avances, algún día en el tiempo futuro se conocerán las razones.

A manera de recordación...

Todo se inició el 12 de enero de 2010 con el terremoto de Haití y Tsunami de Japón el 11 de marzo de 2011, lo recuerdo, ya estos acontecimientos fueron predicciones que se cumplieron en el programa del oráculo de Radio Kronos, en nuestro canal de YouTube están los audios. (**www.youtube.com/user/ EscuelaDeLaMAGIA**)

*Programa: HORÓSCOPO Y PREDICCIONES subido a YouTube (Realizado el 7 subido el 8 de marzo de 2011) antes del terremoto de Japón el 11 de marzo de 2011 (En YouTube no se pueden modificar las fechas de subida del contenido)*

*Programa: TEMPLO SUFY, TODO ES UNA ILUSIÓN (Una especie de premonición) emitido en la noche del jueves 10 de marzo de 2011 pocas horas antes del poderoso terremoto de Japón del 11 de marzo.*

1. Terremoto y tsunami de Japón (15.836 fallecidos)

2. Terremoto de Turquía (641 fallecidos)

3. Terremoto de Christchurch o de      Canterbury (182 fallecidos)

4. Terremoto de Sikkim (151 fallecidos)

6. Terremoto de Turquía II (40 fallecidos)

7. Terremoto de Yunnan (26 fallecidos)

8. Terremoto de Ferganá (14 fallecidos)

9. Terremoto de Sumatra, Indonesia (10 fallecidos)

10. Terremoto de Lorca, España (9 fallecidos)

*Fechas trágicas y gran destrucción, una larga historia que la humanidad algún día conocerá, todo para destruir hermosos y antiguos lugares subterráneos y submarinos.*

Hizo una venia como diciendo, esto ha sido todo uno por uno con una mirada amable, fueron saliendo, ningún contacto físico, pero sentí que sus almas o energías, de alguna manera tocaban la mía.

**Rewga**, el nombre de mi amigo de allá arriba (se pronuncia **Rewgayovh**).

¿Se terminó?

Me observó un largo tiempo... quizá escudriñaba mi alma.

*No, no es final es el inicio de una gran aventura, un conocimiento que de ti dependerá que hagas con él, tienes una audiencia, tienes como ser parte de un cambio, cada uno de tus oyentes es en sí una gran semilla a pesar de sus variadas y diferentes situaciones, poseen el don de ver sin ver, escuchar, aprender, saben que hay algo más, aun los que critiquen, juzguen, difamen, ellos tan solo aunque en su interior lo saben, tardan en comprender.*

*Todo ocurre de acuerdo con un programa, el universo se expande, si contemplas una noche estival y observas* el firmamento, millones de estrellas titilan y en muchas de ellas otros seres que también las observan, piensan igual, "Estamos solos en el universo"

Para poder estrechar esa mano, para poder alcanzar a contemplar otros ojos atrapados en otros rostros quizá aparentemente extraños y deformes, la humanidad debe romper las barreras de intereses y trabajar conjuntamente para lograrlo, no será antes de los eventos que probaran el temple de cada humano. Todo lo que has visto y oído es el inicio que solo de ti depende.

¿Volveré?

A este lugar más adelante, por ahora es prudente que asimiles lo vivido, estaremos en contacto muy cerca de la tierra, comprender y entender este tipo de vivencias lleva tiempo, madurar todo esto no te será fácil, pero sabrás el momento justo para hacerlo...

Nos levantamos, dirigiéndonos a una serie de cintas flotantes, todo parecía un cuento futurista, pero no lo era, entramos a una habitación donde estaban una serie de seres bien extraños, no medirían más de un metro, exageradamente delgados, casi que traslucidos, al mirarlos parecía que se desvanecieran, es como si uno mirara una cortina con rayas y luego observara a otro lugar, alteran la persistencia retiniana, un extraño aroma emanaba de ese lugar, del suelo emergieron dos especies de camillas pero no son camillas, solo así lo asocie, simplemente salieron como si se formaran de la nada, me invito a recostarme y eso hice, pero... No sentí la sensación de acostarme sentí que la camilla o lo que fuera me atrapaba energéticamente, nuevamente un profundo estado de trance me atrapó... Todo se desvaneció en mi mente...

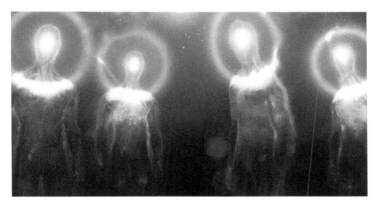

Aparecí sentado en mi carro, la misma carretera, la misma hora, y él de pie observaba.

*Tomate un tiempo, debes permitir que tu cuerpo se adapte muévete despacio... Y sal de carro... Allí quedamos recostados sobre el carro mirando hacia el cielo, estaba confundido, extrañado, realidad o fantasía, una jugarreta de la vida o una experiencia.*

*Después de no sé cuántos cigarrillos, en un silencio total, nos despedimos como en otras ocasiones... Pero antes me dijo:*

*Sabrás muchas cosas que no sabrás cómo las sabes, cuando necesites respuestas, estas están en tu interior, de alguna manera encontrarás muchas personas que han vivido la misma experiencia pero el temor al descredito y al ridículo, a la condena pública, les impide hablar de esto, igual vivirán sucesos extraordinarios, conocerán cosas, obtendrán cosas que llegaran a sus manos sin una razón lógica, esto no es solo a ti a quien le ha sucedido, debes tener valor de enfrentar la crítica, la burla, y la desconfianza.*

*Igual que muchos seres que cada día sus vidas cambian al vivir una extraña experiencia, y luego no saber cómo actuar, otros que las viven dudan, pero la disfrazan confundiendo sus pensamientos.*

*En definitiva, todos forman parte de este engranaje, de alguna manera se conectan psíquicamente, el despertar de la consciencia unirá a quienes el mensaje va llegando, lentamente la humanidad iniciará el viaje a otras vibraciones diferentes.*

*Conduce con cuidado... Buen retorno a casa...*

**Una mirada... Y se perdió en las sombras...**

¿Usted me ha oído en la radio?

Han transcurrido muchos años desde el primer encuentro, en diferentes programas, en los diferentes libros he dado pautas de las vivencias que estoy seguro, que, usted también las ha tenido, aunque quizá no las recuerde.

Quizá ha tenido sueños, sentido presencias, escuchado extraños zumbidos, quizá en su inquieto espíritu le asalten preguntas, y usted se da respuestas, pero siente miedo, pánico de hablar de este tema.

En sus ratos de ocio de una manera que no comprende busca o llegan informes, siente una gran atracción por descubrir, en otras ocasiones, amanece cansado y siente que algo pasó mientras dormía, pero tampoco puede definirlo.

Es una señal, una influencia, quizá vivió la misma experiencia, pero no lo recuerda, son muchos años que llevó haciendo programas, radio y televisión, casi 47 pero no hablaré de mí, si no del poder increíble que cada ser posee, necesité de muchos años, muchos, para tener la seguridad de aventurarme en este escrito, no busco fama, no busco crear grupos, no busco riqueza, no busco nada, más que con la madurez del tiempo y la experiencia, abrir las puertas de la mente a otros universos, **mis amigos de allá arriba.**

Aquellos que me sugieren en el oráculo, los que se adelantan a situaciones que van a ocurrir en el planeta.

Son muchas historias y conocimientos, aventuras increíbles que han pasado.

Usted amable lector al que este escrito le ha atraído, antes de hacer juicios y preguntarse real o fantasía o las dos, lo invito a escuchar los audios de hace muchos años, así, al menos tendrá un punto de vista suficiente para hacer su juicio. El valor que usted ha cancelado por este documento solo cubre los costos de impresión, no hago esto por negocio, solo quiero dejar una huella. Quizá en una esquina algún día, se encuentre con alguien que cambiará para siempre su vida.

**Dice la magia:** si abres una compuerta debes lidiar lo que por ella venga.

La experiencia extraña, aventurarme a este escrito abre esa puerta, algunos eventos escondidos en algunos libros, ahora serán más claros.

Los encuentros han continuado, la novedad perdió ese toque extraño y se convirtió en algo normal, a mi vida llegaron personas de las maneras más increíbles que han sido constructoras de esta aventura.

Mis hijos, Omar y Mike, y una persona allegada a mi, a quien le debo mi gratitud, Mario Sánchez, sus extrañas vivencias, sus extrañas inspiraciones, conociendo mi historia me "presionaron" en el buen sentido de la palabra para realizar este escrito. Más que conocer mi historia, han sido sus personales vivencias.

Desde ahora, y comprendiendo lo que viví en esa esfera de rayos, esa especie de transferencia de conocimiento, vendrán nuevos documentos, otros escritos de un universo simplemente fantástico.

**Mi amigo Rewga**, aquí al lado mío, sonríe... Como siempre, un cigarrillo.

Usted es libre de considerar este documento simplemente como una fantasía, ficción, charlatanería, especulación, o una realidad.

**Pronto nuevos temas de este encuentro**

# OMAR HEJEILE CH.

## Nota del editor

Si usted pertenece a medios de comunicación, Wicca Editores informa:

No hay entrevistas, ni comentarios de ninguna índole sobre este u otros documentos, la información aquí expuesta es propiedad exclusiva del autor.

### Gracias
### Wicca Editores
### Radio Kronos

# Enciclopedia Universo de la Magia

### *¿Desea aprender magia?*

Ingrese a la escuela de la magia a través de nuestra enciclopedia en Ofiuco Wicca. El poder oculto de la mente, la influencia sin espacio ni tiempo. Un conocimiento guardado por milenios, ahora en sus manos.

WWW.OFIUCO.COM

Made in the USA
Middletown, DE
23 September 2023